SOLANDO**COM**
PENTATÔNICASEXÓTICAS

Escalas Exóticas e Licks de Guitarra para o Guitarrista Solo Criativo

SIMON**PRATT**

FUNDAMENTAL**CHANGES**

Solando Com Pentatônicas Exóticas

Escalas Exóticas e Licks de Guitarra para o Guitarrista Solo Criativo

ISBN: 978-1-78933-144-8

Publicado por: **www.fundamental-changes.com**

Tradução: Elton Viana

www.fundamental-changes.com

Backing Tracks Fornecidas por Jacob Quist Quistgaard

Áudios disponíveis para download em:

www.fundamental-changes.com/download-audio

Videoaulas disponíveis em:

www.fundamental-changes.com/exotic-pentatonic-soloing

Imagem de Capa © CanStockPhoto/carloscastilla

Sumário

Introdução

Bem-vindo ao livro Solando Com Pentatônicas Exóticas!

Escalas pentatônicas contêm apenas cinco notas, porém elas são sinônimas de solos criativos e expressivos. Neste livro, veremos como utilizar diferentes tipos de pentatônicas, no blues, rock, jazz, pop e funk.

O ponto de partida será a escala pentatônica menor, uma vez que ela é uma das mais utilizadas por guitarristas modernos. A partir dela, estudaremos outros dez tipos de escalas pentatônicas. Além disso, abordaremos diferentes desenhos e padrões que irão lhe inspirar a compor músicas criativas. A guitarra nos dá muita liberdade de expressão, e essas escalas pentatônicas são a paleta de cores que melhorarão a sua arte.

Cada escala é apresentada com os cinco desenhos do sistema CAGED, com tablaturas completas e cinco licks, que serão muito úteis para você colocar tudo em prática.

Solando Com Pentatônicas Exóticas também incluí videoaulas, além de faixas de áudio para cada exemplo, disponíveis gratuitamente para download.

Boa sorte e divirta-se!

Simon

Jacob 'Quist' Quistgaard gravou de modo profissional as backing tracks inclusas neste livro. Acesse o seu site para ter acesso a um excelente conteúdo.

http://www.quistorama.com

Acesse os Áudios

Os arquivos de áudio deste livro estão disponíveis para download em: **www.fundamental-changes.com.** O link de acesso está no canto superior direito. Simplesmente selecione este título no menu e siga as instruções para ter acesso ao áudio.

Recomendamos que você primeiro baixe os arquivos diretamente no seu computador, não no seu tablet, e extraia-os lá antes de adicioná-los à sua biblioteca. Você pode colocá-los no seu tablet, iPod ou gravá-los em um CD. Na página de download há um arquivo de ajuda em PDF, e também oferecemos suporte técnico.

Acesse agora o seu áudio gratuito:

Ele torna o livro muito mais vivo, e você aprenderá muito mais!

www.fundamental-changes.com/

As videoaulas estão disponíveis em:

www.fundamental-changes.com/exotic-pentatonic-soloing

Se você tiver algum problema, por favor, entre em contato antes de postar uma avaliação negativa. Há um endereço de e-mail no fim deste livro.

As muito poucas avaliações negativas que recebemos são normalmente baseadas em questões técnicas/áudio que podemos solucionar rapidamente para você. É um tanto frustrante receber uma avaliação negativa na Amazon por algo que podemos facilmente solucionar para você.

Capítulo Um: Otimize os Seus Estudos

Videoaula: www.fundamental-changes.com/exotic-pentatonic-soloing

Antes de mergulharmos nas onze diferentes escalas pentatônicas, veremos neste capítulo como os estudos de guitarra podem ser otimizados. Eu chamo os exercícios seguintes de "exercícios para aprender licks". Ao praticá-los, você tirará o máximo de cada escala que você estudar.

Os exemplos seguintes baseiam-se na escala pentatônica menor de A, porém é importante executá-los em outras tonalidades.

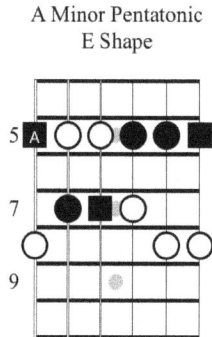

A Minor Pentatonic
E Shape

Os quadrados no diagrama acima representam as tônicas da escala (nesse caso, a nota A), e os círculos representam as outras notas da escala. Os quadrados e círculos em preto representam o desenho do acorde baseado na escala, neste caso, o acorde de Am.

Exemplo 1a: (Para cima e para baixo no desenho da escala)

Esse exercício apresenta uma forma básica de praticar escalas. O objetivo é ascender e descender por todas as seis cordas.

Outra forma de praticar escalas é transformando grupos de notas em padrões de três, quatro, cinco ou seis notas.

Exemplo 1b: (Padrões de três notas)

Exemplo 1c: (Padrões de quatro notas)

Exemplo 1d: (Padrões de cinco notas)

Exemplo 1e: (Padrões de seis notas)

Na música, um *intervalo* é o nome dado para a distância entre duas notas.

Para que evitemos tocar notas de escalas sequencialmente, podemos utilizar intervalos para tornar os exemplos mais musicais. Com a utilização de intervalos maiores em solos, podemos criar ideias excitantes, diferente das sequências previsíveis e lineares da escala.

No exemplo 1f, a escala pentatônica menor de A é dividida em intervalos de *quarta*.

Exemplo 1f: (Praticando escalas com intervalos)

O próximo exemplo contém cinco posições da escala pentatônica menor de A. Essa é uma forma muito útil de mapear todo o braço da guitarra e criar licks e linhas de solo mais longas.

Exemplo 1g: (As cinco posições juntas)

Também é possível utilizar uma abordagem similar àquela do piano, ao tocar cada nota em apenas uma corda. Praticar dessa forma nos permite revisar o nosso conhecimento sobre desenhos e escalas, além de ajudar a nos concentrar no *som* da escala que estamos estudando. Frequentemente crio melodias em uma corda, antes de encontrar outra forma de executá-las.

Exemplo 1h: (Uma corda, uma oitava)

Outra forma de adicionar interesse musical aos seus licks é com a utilização do salto de cordas, quando você estiver tocando desenhos de escalas. No exemplo a seguir, você pode ver a criação de saltos melódicos, quando o salto de cordas é utilizado.

Exemplo 1i: (Salto de cordas)

Capítulo Dois: Introdução ao Sistema CAGED

Em todo este livro, cada desenho de escala é ensinado com base no sistema CAGED. No sistema CAGED, cada acorde, escala e padrão de arpejo pode ser tocado utilizando-se cinco padrões diferentes, o que permite aos guitarristas dividir todo o braço da guitarra em cinco partes.

O sistema CAGED ficou conhecido por causa do guitarrista virtuoso de jazz Joe Pass, no entanto guitarristas de todos os gêneros utilizam-no como uma forma de se mover no braço da guitarra.

O sistema CAGED é baseado em cinco desenhos de acordes abertos, os quais provavelmente você já conhece. Não é surpresa que esses desenhos sejam os dos acordes de C, A, G, E e D. Esses desenhos de acordes estão apresentados abaixo na tonalidade de A maior. A nota tônica (A) é indicada pelos quadrados.

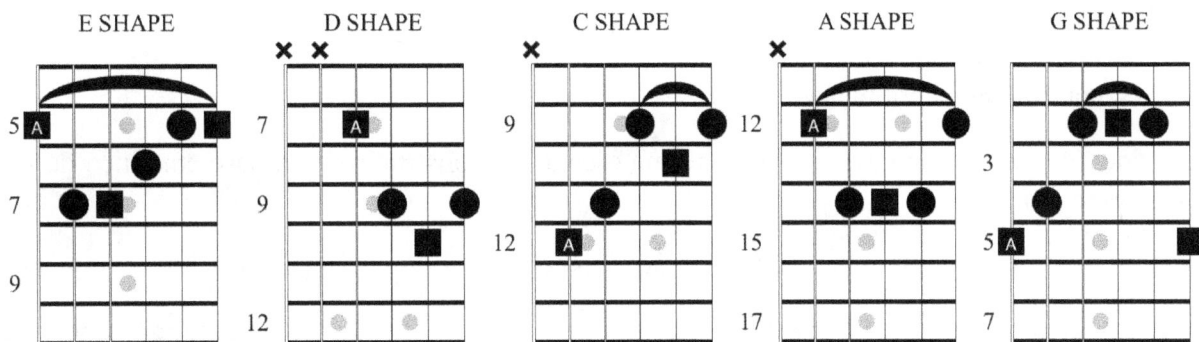

Esses desenhos dividem o braço da guitarra em cinco partes. Eles atuam como "âncoras" para nos ajudar a visualizar os desenhos de escalas, que os têm como base.

Ao utilizarmos acordes âncoras visuais, nós podemos construir e lembrar rapidamente de qualquer desenho de escala que precisarmos, visto que dividir o braço da guitarra em pequenas partes nos permite solar livremente em qualquer parte do braço.

Abaixo estão as cinco posições da escala pentatônica maior de A. Você pode ver como elas são montadas com base em cada desenho de acorde.

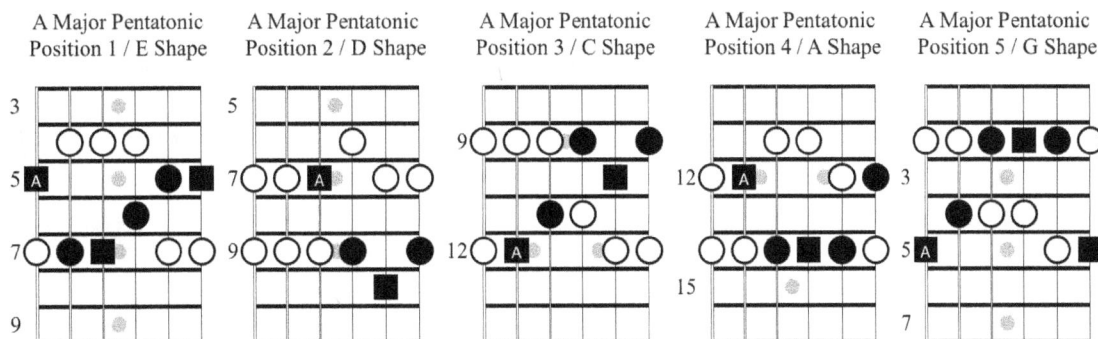

Apesar de dividir o braço da guitarra em pequenas partes ser essencial, ser capaz de vê-lo na sua totalidade é o que de fato resultará em uma técnica mais proficiente.

Abaixo estão os cinco desenhos do acorde de A maior do sistema CAGED, juntos em um único diagrama.

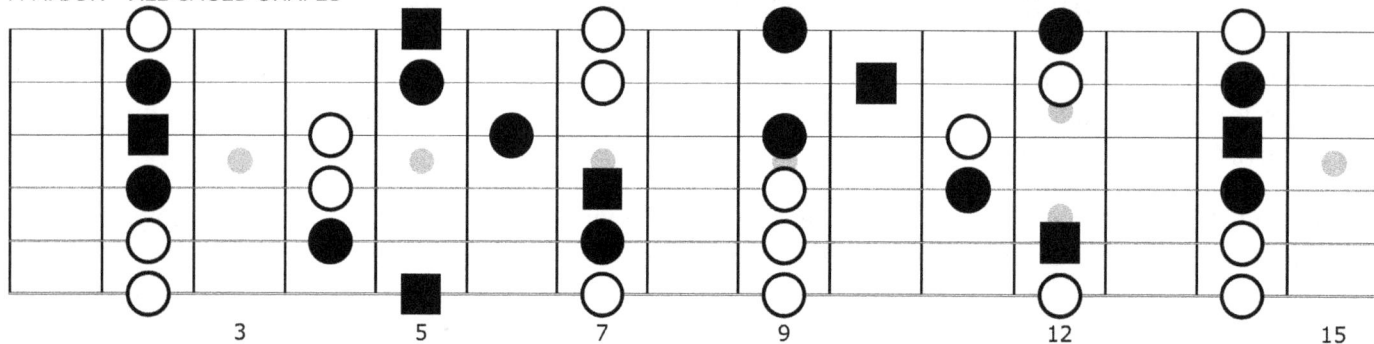

Observe como os desenhos da escala pentatônica maior de A se ajustam em cada um dos desenhos de acordes. Desenhos de acordes são mais fáceis de memorizar do que desenhos de escalas, portanto é melhor aprendê-los primeiro e depois aprender as escalas, com base nesses desenhos.

Os pontos essenciais para ter em mente sobre o sistema CAGED são:

- Os cinco desenhos diferentes de uma mesma escala são construídos com base em cinco desenhos de acordes individuais.

- Montar escalas com base nos desenhos de acordes torna mais fácil a memorização e a transposição.

Neste livro, você aprenderá como utilizar os desenhos dos acordes do CAGED para mapear qualquer escala que você estiver utilizando. Acima temos os desenhos do acorde de A *maior* do sistema CAGED, que funcionam como desenhos subjacentes para qualquer escala *pentatônica maior* e qualquer lick. Eles serão abordados mais detalhadamente no capítulo quatro.

Quando trabalhamos com escalas pentatônicas *menores*, utilizamos desenhos de acordes *menores* do sistema CAGED.

Desenhos dos Acordes Menores do CAGED

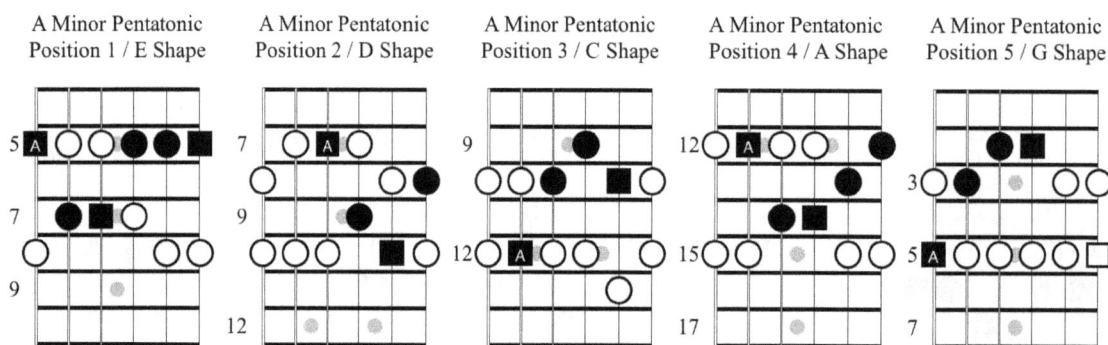

Quando você estiver tocando as cinco escalas pentatônicas menores, nas suas respectivas posições, aprenda a notar os acordes que existem dentro delas. As notas em preto de cada diagrama de escala representam o acorde no qual o desenho de determinada escala é baseado.

No diagrama abaixo, todos os cinco desenhos da escala pentatônica menor de A, baseados no CAGED, são dispostos no braço da guitarra. Ele funciona como um mapa, para ajudar-lhe a solar com confiança em qualquer parte do braço da guitarra.

Os quadrados pretos lhe mostram onde estão as tônicas de cada acorde. Observe como cada acorde está ligado às posições da escala pentatônica menor de A acima.

A MINOR - ALL CAGED

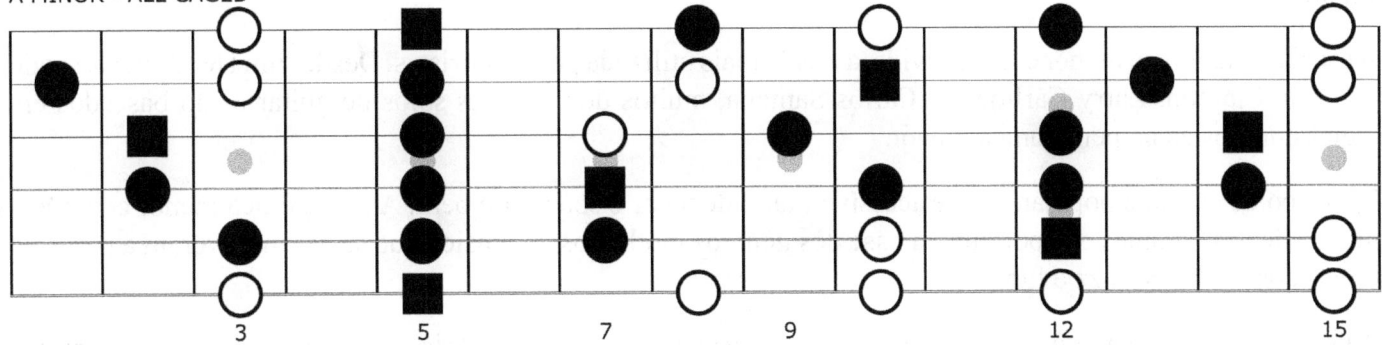

No capítulo sobre pentatônica menor deste livro, estudaremos cinco licks criados com as posições da escala apresentada acima.

Este livro abordará onze escalas pentatônicas diferentes. Você aprenderá licks compostos com base em cada um dos cinco desenhos de acordes do CAGED.

Intervalos e Fórmulas de Escalas

Para melhor definir as diferenças entre as escalas, músicos profissionais comparam a estrutura (padrão de intervalo) de uma determinada escala com a estrutura de uma escala maior. Escalas maiores são a base da maioria das músicas, por isso elas são consideradas apropriadas para servirem de referência.

A distância (intervalo) de uma nota para outra é o que define a estrutura de uma escala. Exemplos de intervalos: C para D, D para E, E para F etc. A distância de C para D é de um tom (duas casas no braço da guitarra), porém a distância de E para F é de apenas um semitom (uma casa no braço da guitarra). A estrutura de qualquer escala maior é a seguinte:

Tom, tom, semitom, tom, tom, tom e semitom.

Como as escalas maiores servem de base para a maioria das músicas, o seu padrão de tons e semitons pode ser representado pela simples fórmula: 1ª, 2ª, terça, 4ª, 5ª, 6ª, 7ª.

Agora nós temos um "padrão" que podemos utilizar para nos ajudar a comparar as características de diferentes escalas.

Escalas maiores possuem sete notas, porém escalas pentatônicas contêm apenas cinco notas. Assim sendo, a fórmula desse tipo de escala contém apenas cinco notas.

Todas as escalas deste livro estão na tonalidade de A. Cada fórmula de pentatônica apresentada neste livro terá como base de comparação a escala de A maior, que contém as notas:

A B C# D E F# G#

(1ª, 2ª, terça, 4ª, 5ª, 6ª, 7ª).

Capítulo Três: Escala Pentatônica Menor

Videoaula: www.fundamental-changes.com/exotic-pentatonic-soloing

Backing Track Um

A escala pentatônica menor é, sem dúvida, a escala mais utilizada por guitarristas. Desde Jimi Hendrix, passando por Eric Clapton, Larry Carlton até Carlos Santana, muitos dos maiores solos de guitarra são baseados em ideias compostas na pentatônica menor.

Esse tipo de escala é popular, pois é acessível, fácil de tocar e soa muito bem! A pentatônica menor compõe o núcleo de todo o blues e é, portanto, a base dos gêneros modernos de música que se desenvolveram a partir do blues, como o rock, jazz e funk.

A própria palavra "pentatônica" já descreve a *estrutura* da escala. "*Penta*" significa "cinco" e "*tonos*" significa "tons". Desse modo, todas as escalas deste livro contêm cinco notas.

A escala pentatônica menor de A contém as notas: **A C D E G**.

A fórmula da escala pentatônica menor é: 1ª, terça menor, 4ª, 5ª, 7ª menor.

Os exemplos deste capítulo estão na tonalidade de A menor, e cada lick se ajusta perfeitamente ao acorde de A menor ou a uma backing track em A menor, com a backing track um.

Pentatônica Menor de A – Posição 1 – Desenho de E

O acorde com pestana, nas marcações em preto, é o ponto de referência para esta posição da escala pentatônica menor. Observe quão similar os dois desenhos são: a escala pentatônica menor apenas adiciona algumas notas extras ao acorde base de Am.

A Minor Pentatonic
Position 1

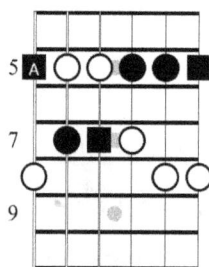

O primeiro lick começa com alguns *bends* lentos e faz uso do vibrato para adicionar expressão musical. Tente executar os *bends* de forma limpa e igualada e concentre-se em executar os *bends* na tonalidade correta.

Tente fazer com que os *pull-offs* tenham o mesmo volume dos *hammer-ons* e das notas palhetadas e tome cuidado para não esbarrar nas cordas (abafe as cordas não tocadas, com ambas as mãos, onde for possível).

Assista a videoaula inclusa neste livro para descobrir como adicionar o vibrato ao lick a seguir. Vibratos adicionam expressão lírica e vida a qualquer frase musical.

Lembre-se, você pode assistir cada lick deste livro sendo executado, através do link: **www.fundamental-changes.com/exotic-pentatonic-soloing**

Além disso, você pode baixar o áudio incluso neste livro, em: **www.fundamental-changes.com/download-audio.**

Exemplo 3a

Pentatônica Menor de A – Posição 2 – Desenho de D

A seguir, temos a posição dois, tanto do acorde de Am, como da escala pentatônica menor de A. É importante enxergar o desenho de acorde que existe dentro de cada desenho de pentatônica.

A Minor Pentatonic
Position 2

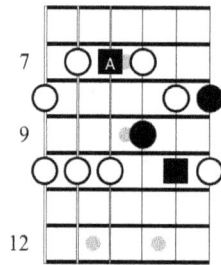

O exemplo 3b começa uma frase clássica de blues e apresenta *bends*, *pull-offs* e vibratos. Os *double-stops* utilizados no segundo compasso criam um fraseado no estilo de Jimi Hendrix, com a utilização do *hammer-on* para alcançar uma nova altura na corda mais baixa.

Consulte, acima, o diagrama da escala e veja em qual parte do desenho os *double-stops* de Jimi Hendrix estão. Aplique essa técnica, com essa posição, em diferentes grupos de cordas e crie as suas próprias ideias, baseadas no estilo de Jimi Hendrix.

Exemplo 3b

Pentatônica Menor de A – Posição 3 – Desenho de C

A Minor Pentatonic
Position 3

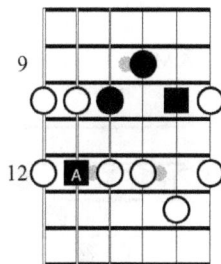

Utilizar *hammer-ons* e *pull-offs* lhe permite tocar mais rápido com menos esforço, visto que o número de palhetadas pode ser bastante diminuído. No exemplo a seguir, o repetido padrão rítmico combinado com as técnicas de *legato* cria um gancho memorável. Execute esse padrão de legato com diferentes desenhos de escalas.

Exemplo 3c

Pentatônica Menor de A – Posição 4 – Desenho de A

Monte e toque o desenho do acorde, antes de aprender o padrão da escala. Isso ajuda na junção do acorde e da escala na sua mente e no desenvolvimento da fluência no braço da guitarra.

A Minor Pentatonic
Position 4

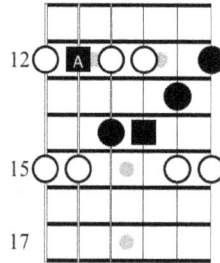

O exemplo 3d demonstra como você pode começar um lick em diferentes partes do compasso. Adicionar pausas entre os licks pode adicionar emoção e suspense.

Quando um *slide* for notado sem uma casa específica de início, tente executá-lo a partir de duas casas abaixo, com relação à casa de destino do *slide*. Apesar de a execução de um *slide* em duas casas abaixo ser um bom ponto de partida, começar um *slide* em casas mais afastadas (acima *ou* abaixo da nota-alvo) pode criar frases extremamente *sonoras*. Steve Vai utiliza essa técnica na música *For The Love of God*.

Exemplo 3d

Pentatônica Menor de A – Posição 5 – Desenho de G

Mais uma vez, utilize o acorde do diagrama como "âncora", para memorizar e explorar a escala.

A Minor Pentatonic
Position 5

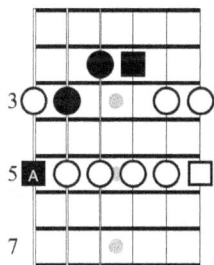

Quando estamos solando, as cordas graves (as mais grossas) são frequentemente negligenciadas em favor das cordas agudas (as mais finas), pois adicionar-lhes *bends* e vibratos é mais fácil. Apesar de as cordas graves serem mais utilizadas para riffs do que solos, elas possuem um grande potencial melódico.

O exemplo 3e apresenta uma simples ideia baseada em *double-stops*, com um *slide* para adicionar emoção. O terceiro compasso contém uma simples ideia de arpejo em Am.

Exemplo 3e

A escala pentatônica menor representa apenas o começo da sua jornada na guitarra solo. Os licks apresentados neste capítulo tendem mais para o blues e rock, portanto utilize a backing track um como acompanhamento. Quando você se sentir confortável com cada um dos licks, toque junto com a backing track um. Não é necessário se preocupar em executar cada nota perfeitamente, esse é um momento para você se divertir e aproveitar!

Um solo memorável combina fraseados melódicos, boa técnica, licks bem trabalhados e improvisação. Para conseguir um som fluido na improvisação é importante criar os seus próprios licks, além de assimilar os licks apresentados aqui. Um exercício muito bom para melhorar a sua habilidade na improvisação é tocar um lick deste capítulo, na pentatônica menor de A, e em seguida improvisar pela mesma duração de tempo do lick tocado.

O exemplo 3f é um lick de blues rock de quatro compassos. Toque o exemplo 3f e, em seguida, improvise por quatro compassos utilizando a escala pentatônica menor de A. Inclua na improvisação técnicas como *bends, hammer-ons, pull-offs*, vibratos e *slides*. Essas são formas muito eficientes de combinar licks que você já conhece com improvisações. Além disso, permitem que a melodia continue soando natural, enquanto tudo isso é feito.

É importante alternar entre licks que você já conhece e improvisações, para evitar a execução de "improvisações" indesejadas. Utilize novamente a backing track um para praticar essa ideia.

Exemplo 3f com Improvisação

A Minor Pentatonic Improvisation

Essa abordagem de estudo faz com que você revise os licks que você já conhece, porém também lhe força a improvisar. Isso pode ser desconfortável no início, mas tenha paciência, e os resultados virão.

Lembre-se que apesar de o aprendizado de licks e escalas ser essencial para o seu desenvolvimento na guitarra, é muito importante que você os aplique em diversos cenários musicais, desde tocar com uma backing track até tocar com um amigo, para que eles sejam bem assimilados e soem naturais.

Capítulo Quatro: Escala Pentatônica Maior

Videoaula: www.fundamental-changes.com/exotic-pentatonic-soloing

Backing Track Dois

As escalas pentatônicas maiores têm sons mais alegres do que as pentatônicas menores e são muito utilizadas no country, blues e rock. Assim sendo, elas são muito versáteis. Slash, Chuck Berry e Eric Clapton são adeptos das pentatônicas maiores.

A escala pentatônica maior de A contém as notas: **A B C# E F#.**

A fórmula da escala pentatônica maior é: 1ª, 2ª, terça, 5ª, 6.

Nos exemplos seguintes, cada desenho da escala pentatônica maior de A é apresentado junto dos desenhos de acordes do CAGED. Certifique-se de que você seja capaz de tocar o acorde e a escala, antes de executar os licks.

Os licks apresentados aqui funcionarão perfeitamente em qualquer progressão de acordes em A maior.

Pentatônica Maior de A – Posição 1 – Desenho de E

A Major Pentatonic
Position 1

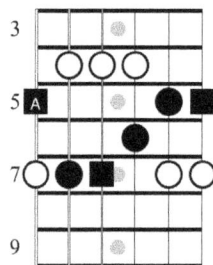

No exemplo 4a, a combinação de notas isoladas e *double-stops* mostra a versatilidade da escala pentatônica maior. Utilize a regra de "um dedo por casa" nesse lick, para que ele possa ser executado mais facilmente.

Exemplo 4a

Pentatônica Maior de A – Posição 2 – Desenho de D

A Major Pentatonic
Position 2

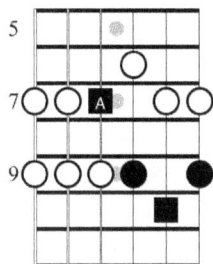

O exemplo 4b combina legatos, *bends*, *slides* e vibratos, em apenas dois compassos. Não caia na tentação de tentar tocar esse lick rápido demais, quando for tocá-lo pela primeira vez. Pratique com um metrônomo, aumente a velocidade gradualmente e concentre-se em fazer com que cada nota soe claramente.

Exemplo 4b:

Pentatônica Maior de A – Posição 3 – Desenho de C

A Major Pentatonic
Position 3

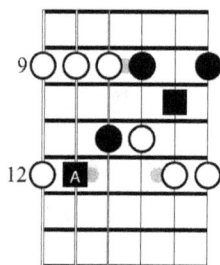

Bends e *slides* adicionam uma qualidade vocal às linhas de solo. O próximo lick lembra o estilo de guitarristas de blues, como John Mayer, e é um bom exemplo de como "menos é mais", visto que ele utiliza apenas um pequeno grupo de notas.

Uma dica muito boa é "cantar" o lick, antes de tocá-lo na guitarra. Eu descobri essa técnica, quando vi George Benson cantando e tocando simultaneamente os seus licks.

Não hesite em se basear em diferentes ideias de tantos músicos quanto possível. Dessa forma, você poderá emular as partes que você gosta e inseri-las no seu estilo.

Exemplo 4c:

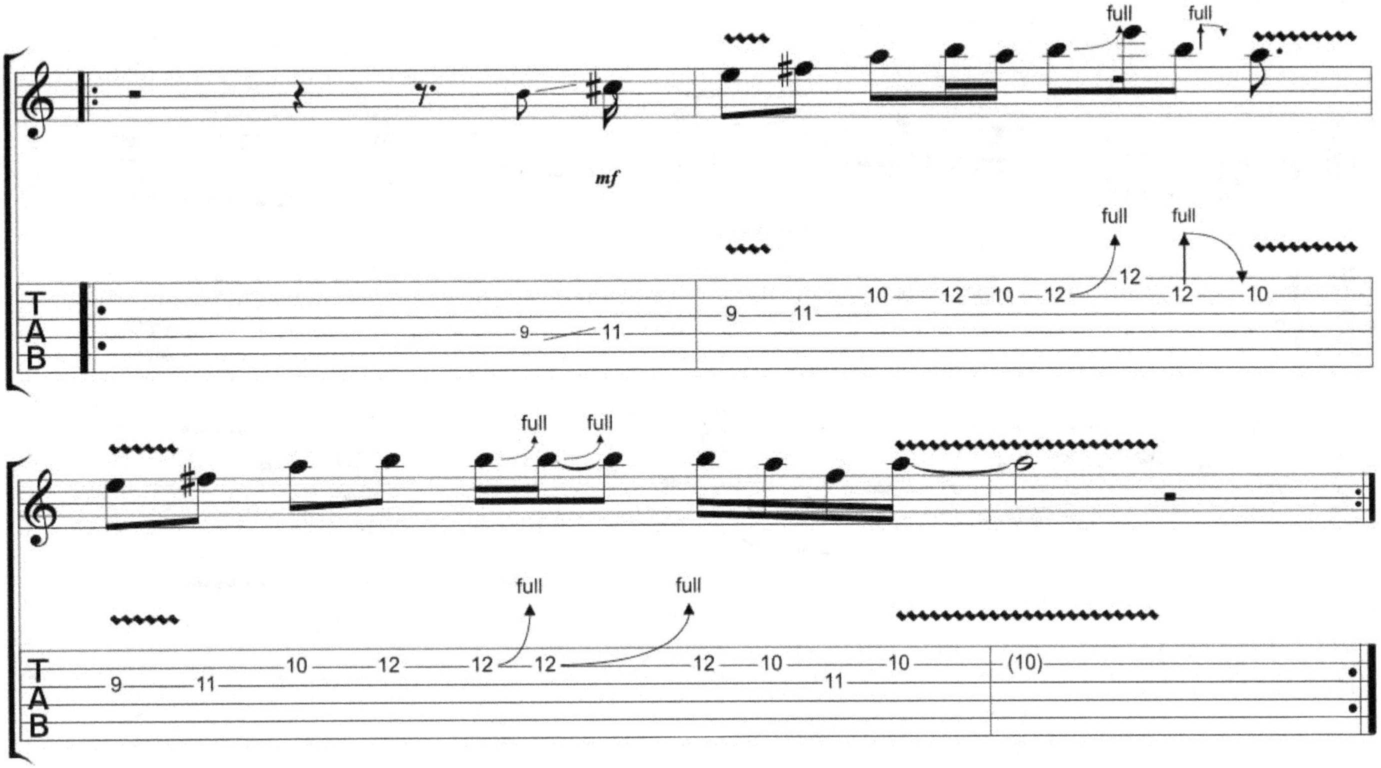

Pentatônica Maior de A – Posição 4 – Desenho de A

A Major Pentatonic
Position 4

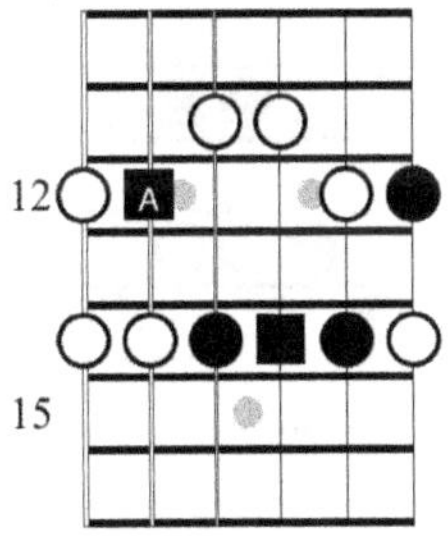

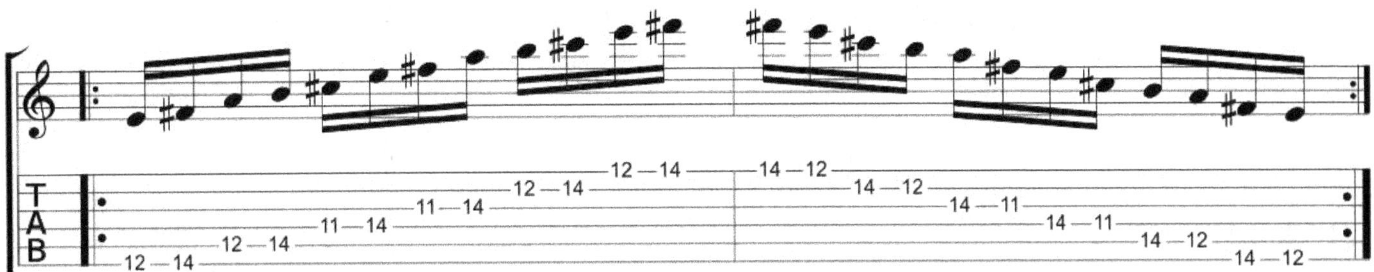

O exemplo 4d é reminiscente do estilo de Eric Johnson, devido ao seu fraseado de semicolcheias. Os dois primeiros compassos apresentam notas que devem ser tocadas com a palhetada alternada e com um vibrato sutil. Certifique-se de assistir a videoaula referente a esse exemplo, se você tiver dúvidas sobre a sua digitação.

Você pode inserir esse padrão rítmico nos outros três desenhos da escala pentatônica maior estudados e construir licks mais longos, que possuam as posições abordadas.

Exemplo 4d

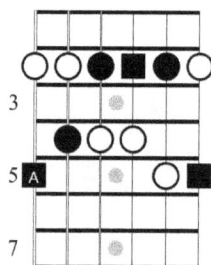

Pentatônica Maior de A – Posição 5 – Desenho de G

No exemplo 4e foi introduzido um padrão de *bend* que é muito popular na música country. Você pode sentir desconforto ao utilizar o dedo 4 para realizar a pestana exigida nas duas primeiras cordas, no entanto é muito útil desenvolver a habilidade de executar pestanas com esse dedo.

Exemplo 4e

Os licks apresentados neste capítulo tendem mais para o blues, country e rock, e a backing track dois será um acompanhamento perfeito para eles. Como em todos os capítulos deste livro, pratique o desenho do acorde, em seguida o desenho da escala e finalmente o lick. Tão logo você se sinta confortável com o lick, toque-o junto com a backing track. Quanto mais rápido você conseguir tocar esses licks em um contexto musical, melhor será.

A escala pentatônica maior sempre terá um som mais alegre do que a pentatônica menor, logo tenha isso em mente quando for compor solos. É importante que a escolha de uma escala seja baseada na emoção da peça musical que você esteja compondo.

Além de compor os seus próprios licks em cada posição e tornar-se proficiente em improvisar utilizando as escalas deste livro, tente compor licks que cubram todo o braço da guitarra. Uma forma simples de fazer isso é palhetar duas cordas específicas e analisar quais são as notas disponíveis na escala.

Lembre-se que os quadrados no diagrama abaixo representam as tônicas, e pode ser interessante fazer com que os seus licks resolvam nessas notas.

A MAJOR PENTATONIC - TOP TWO STRINGS

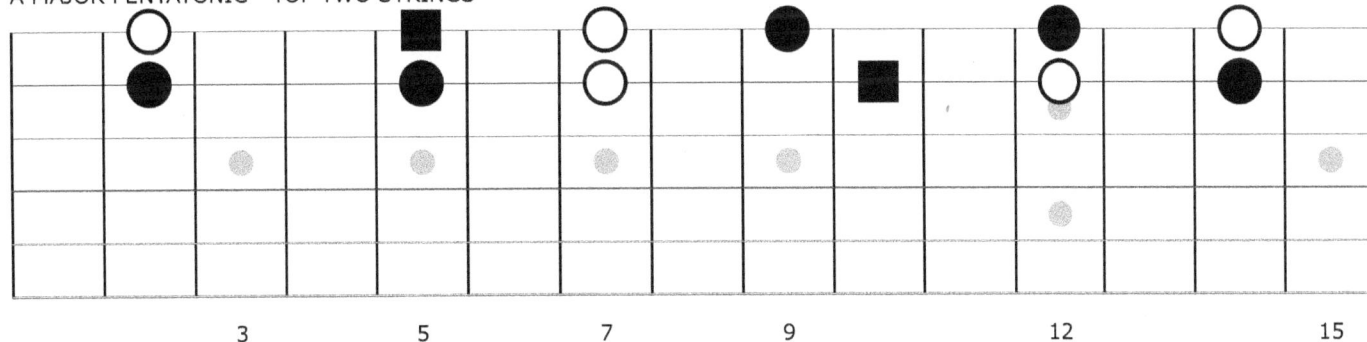

Esse diagrama apresenta as notas da escala pentatônica maior de A, nas duas primeiras cordas da guitarra. Utilizar esse diagrama irá lhe ajudar a ver o braço da guitarra de forma linear, além de lhe ajudar a sair um pouco dos desenhos fixos.

Capítulo Cinco: Escala Pentatônica Oriental

Videoaula: www.fundamental-changes.com/exotic-pentatonic-soloing

Backing Track Três

Essa escala pentatônica possui uma sonoridade oriental. Eric Johnson e Jeff Beck são grandes fãs desse tipo de escala. Ela também é conhecida como escala pentatônica hindu.

Na guitarra blues, a escala pentatônica menor é frequentemente utilizada com acordes menores e de sétima dominante. O choque entre as tonalidades maiores e menores é o que produz o soul do blues. A escala pentatônica oriental é uma alternativa que você pode utilizar para tocar acordes de sétima dominante.

A escala pentatônica oriental de A contém as notas: **A C# D E G**. Essas são as notas de um acorde de sétima dominante (A C# E G), com uma quarta (D) adicional. A única diferença entre a escala pentatônica oriental e a pentatônica menor é que na pentatônica oriental há uma terça e na pentatônica menor há uma terça menor.

A fórmula da escala pentatônica oriental é: 1ª, terça, 4ª, 5ª, 7ª menor.

Uma vez que a diferença entre a pentatônica oriental e a pentatônica menor é de apenas uma nota, é fácil *adaptar* um lick da pentatônica menor e criar um som, com a mudança de apenas uma nota. Por exemplo, na tonalidade de A, a nota C da escala pentatônica menor pode ser movida em um semitom acima para a nota C#, o que cria a escala pentatônica oriental.

Os licks deste capítulo funcionam bem com acordes de sétima dominante e se ajustam muito bem em tradicionais blues de doze compassos com acordes de sétima dominante.

Todos os desenhos da escala pentatônica oriental são baseados em acordes de sétima dominante do CAGED. Como sempre, certifique-se de aprender primeiro o desenho do acorde e da escala, antes de estudar os licks.

Pentatônica Oriental de A – Posição 1 – Desenho de E

A Hindu Pentatonic
Position One

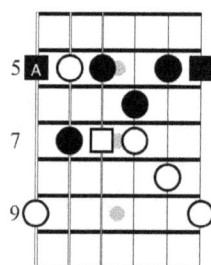

O exemplo 5a apresenta uma série de *hammer-ons* e *pull-offs* que são combinados com *bends* e vibratos. No segundo compasso, o movimento para a 9ª casa pode parecer desafiador no início, porém adquirir a habilidade de esticar os dedos para alcançar casas mais distantes é muito importante. Se você achar esse movimento muito complicado, tente abaixar um pouco o punho da mão esquerda.

Esse lick foi composto com base no acorde de A7, no entanto você também deve aprendê-lo nas tonalidades de D e E, o que pode ser feito ao movê-lo para a 10ª e 12ª casa, respectivamente. Com um blues composto em A, tente tocar esse lick com cada um dos acordes disponíveis. Dessa forma, com apenas um lick, você pode explorar ainda mais a progressão musical.

Exemplo 5a:

Pentatônica Oriental de A – Posição 2 – Desenho de D

A Hindu Pentatonic
Position Two

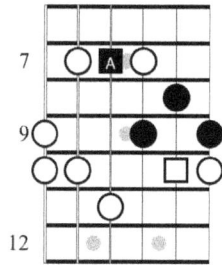

O exemplo 5b é um lick de blues com influências orientais, no estilo de Jeff Beck. Apesar de Jeff Beck ser reverenciado pela sua técnica no blues, ele também adiciona jazz fusion às suas músicas. Ouça a música Led Boots do álbum Wired, de 1976, para ouvir alguns licks e fraseados modernos baseados na pentatônica oriental.

Exemplo 5b:

Pentatônica Oriental de A – Posição 3 – Desenho de C

A Hindu Pentatonic
Position 3

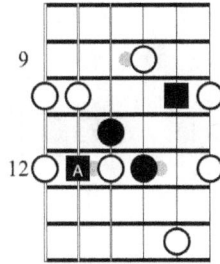

O exemplo 5c contém *bends* uníssonos. Tanto Jimi Hendrix como Carlos Santana utilizaram *bends* uníssonos em músicas como *Crosstown Traffic* e *Samba Pa Ti*.

Esse tipo de *bend* pode adicionar uma textura crua e sonora às suas melodias.

Exemplo 5c

Pentatônica Oriental de A – Posição 4 – Desenho de A

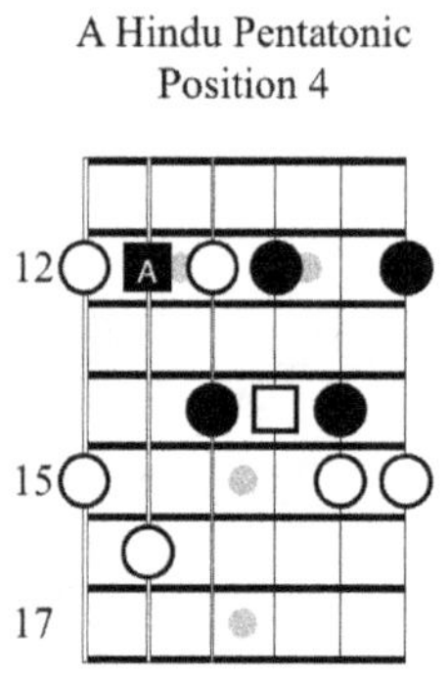

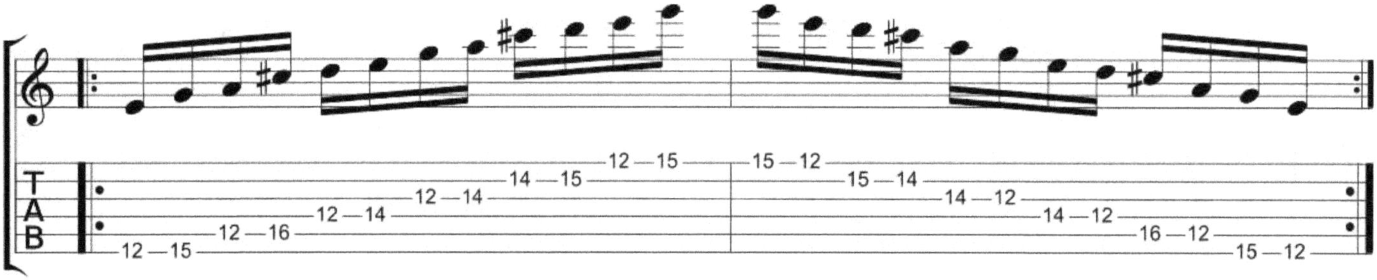

A Hindu Pentatonic
Position 4

Cada posição de escala adiciona diferentes nuances à música, portanto utilizar ideias com *bends* e legatos pode funcionar melhor em algumas posições específicas.

O exemplo 5d é uma linha de solo interessante, adaptada à posição 4 da escala pentatônica oriental.

Exemplo 5d

Pentatônica Oriental de A – Posição 5 – Desenho de G

A Hindu Pentatonic
Position 5

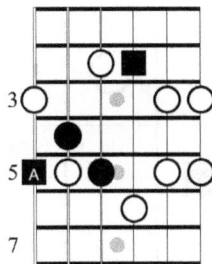

Adicionar dissonância às suas melodias pode ser muito legal. Fazer com que duas notas se choquem levemente é excelente, desde que feito com moderação!

Exemplo 5e

Apesar de os licks deste capítulo serem baseados no blues e no rock, a escala pentatônica oriental dá um sabor oriental a esses exemplos. A escala pentatônica oriental adiciona um contraste muito legal às predominantes melodias da guitarra rock, baseadas na pentatônica menor.

No capítulo sobre a pentatônica maior, foi apresentado um diagrama que mostra como executar as cinco posições no braço da guitarra, utilizando cordas adjacentes. Elas também podem ser executadas em cordas *não adjacentes*.

Abaixo há um diagrama que apresenta a escala pentatônica oriental de A, nas cordas Si e Ré. Tente executar o salto de cordas para criar intervalos maiores ou tocar as notas da escala simultaneamente, utilizando *double-stops* para criar intervalos maiores.

Você pode tanto dedilhar esses *double-stops* como utilizar a palhetada híbrida (combinação de dedos e palheta). Também é importante utilizar a backing track três, para praticar essas ideias.

A HINDU PENTATONIC - 2 STRINGS

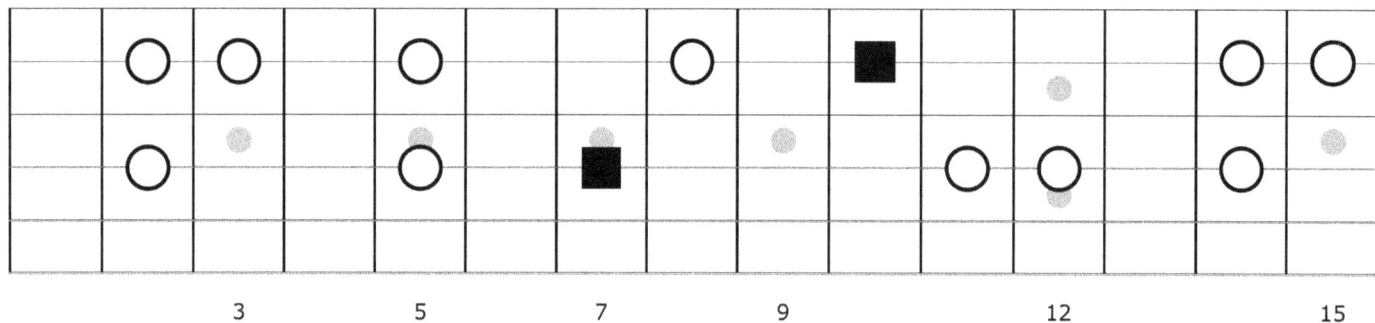

No diagrama abaixo, são apresentados todos os cinco desenhos de acordes do CAGED e da escala pentatônica oriental de A. Os quadrados representam as diferentes notas tônicas A e funcionam como pontos de referência (âncoras) para cada desenho de acorde.

Visualizar todos os cinco desenhos de acordes do CAGED em um único diagrama faz com que você não fique preso a certas áreas do braço da guitarra e lhe permite criar licks mais longos que cubram todo o braço.

A HINDU PENTATONIC - ALL SHAPES

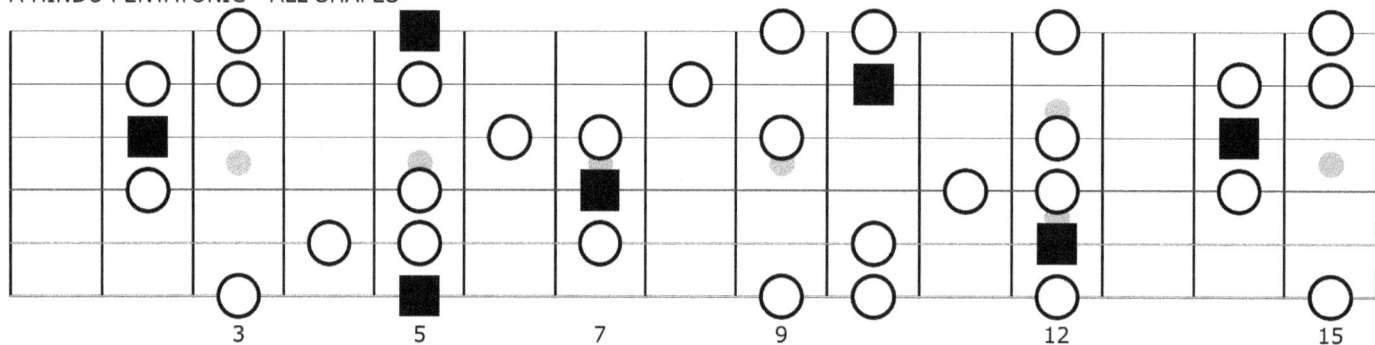

Capítulo Seis: Escala Pentatônica Blues

Videoaula: www.fundamental-changes.com/exotic-pentatonic-soloing

Backing Track Seis

A escala pentatônica blues possui uma sonoridade moderna, no entanto ainda mantém traços das suas raízes blues. Essa escala é frequentemente utilizada no blues, rock, metal e jazz.

A escala pentatônica blues é derivada da popular escala blues de seis notas e possui todas as notas desta, com exceção da quarta, para manter-se na estrutura pentatônica. Synyster Gates, guitarrista do Avenged Sevenfold, é um adepto dessa escala.

A escala pentatônica blues de A contém as notas: **A C Eb E G**. A nota característica dessa escala é a nota Eb, nota obscura que está no intervalo de quinta diminuta, que dá à pentatônica blues uma sonoridade assustadora, popular entre os guitarristas de rock e metal.

A fórmula da escala pentatônica blues é: 1ª, terça menor, 5ª diminuta, 5ª, 7ª menor.

Os licks aqui apresentados funcionam bem com o acorde de Am e os *power chords* de A5. Além disso, eles são tecnicamente mais desafiadores e focam no desenvolvimento da velocidade, com a utilização de *hammer-ons*, *pull-offs* e palhetada alternada. Tente executar fielmente os exemplos notados e, como sempre, pratique cada lick lentamente, antes de aumentar a velocidade.

Comece com o metrônomo configurado em 70 BPM e, quando você conseguir tocar cada lick, riff e progressão de acordes perfeitamente três vezes seguidas, aumente o tempo para 73 BPM, depois para 76 BPM etc. Ao aumentar o tempo em incrementos de 3 BPM, você praticará em velocidades que são frequentemente negligenciadas.

Pentatônica Blues de A – Posição 1 – Desenho de E

Os acordes que se ajustam nessa escala pentatônica blues são os acordes de Am, com os desenhos do sistema CAGED.

A Blues Pentatonic
Position One

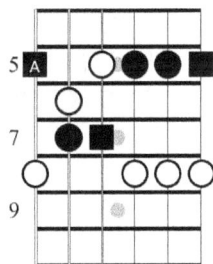

O exemplo 6a apresenta um clássico padrão de rock com legato. As sextinas (grupos de seis notas) são utilizadas por guitarristas modernos, como Zakk Wylde. Você pode utilizar tanto o dedo 3 como o dedo 4, para tocar as notas da 8ª casa.

Quando você estiver estudando licks de rock, certifique-se de sempre encontrar uma forma de *terminar* o lick. Tocar alguns padrões repetidamente pode tornar o lick entediante e monótono. Assim, após encontrar um "ponto de saída", tente finalizar o lick com um *bend* ou *slide*.

Exemplo 6a

Pentatônica Blues de A – Posição 2 – Desenho de D

A Blues Pentatonic
Position Two

O lick a seguir lembra o estilo de Synyster Gates. Experimente executar o abafamento de cordas neste lick, ao colocar gentilmente a mão direita nas cordas da guitarra, próximo à ponte. A habilidade de alternar entre o abafamento de cordas e a palhetada sem abafamento é muito útil, tanto em partes rítmicas como de solo.

O vibrato é uma técnica importante que pode ser executada diferentemente, dependendo do estilo musical. É difícil descrevê-la em palavras, portanto assista a videoaula inclusa neste livro, a qual irá lhe ajudar a dominar a técnica do vibrato utilizada no rock.

Exemplo 6b

Pentatônica Blues de A – Posição 3 – Desenho de C

A Blues Pentatonic
Position Three

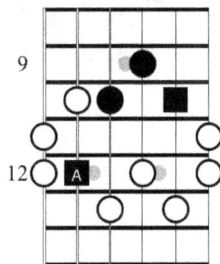

A próxima ideia apresenta um padrão repetitivo, frequentemente visto no rock, que utiliza *hammer-ons* e *pull-offs*. Ao incorporar frases de legato mais rápidas no seu estilo, você será capaz de combinar licks de blues emotivos com linhas de rock rápidas, o que dará variedade musical aos seus solos.

Exemplo 6c

Pentatônica Blues de A – Posição 4 – Desenho de A

A Blues Pentatonic
Position Four

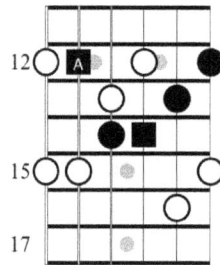

Exemplo 6d

O exemplo 6d utiliza *bends* de 1/4 de tom, também conhecidos como *bends de blues*. Um *bend* de blues apresenta, normalmente, a menor altura audível possível de um *bend* em uma corda específica da guitarra. Assista a videoaula inclusa para descobrir como os *bends* de blues devem ser executados nesse lick.

A versão de John Mayer do clássico do blues, *Crossroads*, do álbum *Battle Studies*, é uma verdadeira aula sobre *bends*. Ele utiliza *bends* de blues para criar excelentes efeitos no solo e demonstra as diversas nuances de um *bend*.

Pentatônica Blues de A – Posição 5 – Desenho de G

A Blues Pentatonic
Position Five

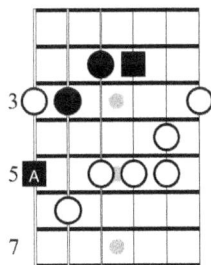

O exemplo 6e mostra outra forma de criar padrões rápidos de rock, utilizando o legato para criar minitrinados.

O trinado é uma técnica excelente no rock e que parece difícil, porém com a prática ela se torna fácil de ser executada. Ritchie Blackmore utiliza trinados para criar efeitos excepcionais.

Exemplo 6e

O aprimoramento da sua técnica deve fazer parte da sua rotina de estudos. Estipule objetivos bem definidos, com relação à melhora da sua técnica. Por exemplo, você pode colocar como meta tocar o exemplo 6b em 80 BPM, num período de 30 dias.

Pratique lentamente com um metrônomo configurado em 50 BPM e certifique-se de que cada nota soe limpa e audível. Preste atenção à sua mão direita e veja se você está executando a palhetada alternada (para baixo e para cima) exigida.

Quando você for capaz de tocar o exemplo 6b perfeitamente, três vezes seguidas, em 50 BPM, aumente a velocidade do metrônomo para 53 BPM. Continue a aumentar a velocidade do metrônomo em incrementos de 3 BPM, até que você chegue na velocidade de 80 BPM.

Essa forma estruturada de estudo faz com que você apenas aumente a velocidade do lick, quando ele tiver sido tocado precisamente, três vezes seguidas. Certifique-se de ouvir as versões dos áudios de exemplo com velocidade reduzida, além das versões com velocidade normal. Isso irá lhe ajudar a desenvolver a precisão em velocidades menores.

Capítulo Sete: Escala Pentatônica de Robben Ford

Videoaula: www.fundamental-changes.com/exotic-pentatonic-soloing

Backing Track Seis

Robben Ford é uma estrela do blues jazz. O seu uso de linhas de jazz sofisticadas e licks de blues emotivos faz com que ele seja um modelo para muitos guitarristas. A escala pentatônica de Robben Ford possui uma sonoridade jazz e pode fazer com que a sua técnica soe mais moderna. Um nome mais exato para essa escala seria *escala pentatônica menor 6*, ou *escala pentatônica do modo dórico*, uma vez que a sétima menor (b7) da escala pentatônica menor é substituída pela sexta do modo dórico.

A escala pentatônica de Robben Ford de A contém as notas: **A C D E F#**. A adição da nota F# é o que torna essa escala única.

A fórmula da escala pentatônica de Robben Ford é: 1ª, terça menor, 4ª, 5ª, 6ª.

Os licks apresentados neste capítulo se ajustam perfeitamente no acorde de Am6. No diagrama abaixo, há o *voicing* do acorde de Am6, popular *voicing* de jazz.

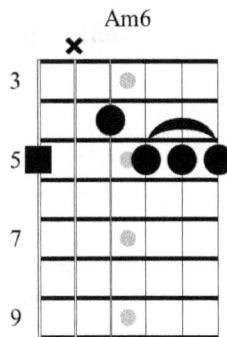

Am6

A escala pentatônica de Robben Ford é baseada em uma escala pentatônica menor, portanto utilize os desenhos de acordes do CAGED para executar o acorde de Am, com os desenhos de escalas a seguir.

Pentatônica de Robben Ford de A – Posição 1 – Desenho de E

A Robben Ford Pentatonic
Position One

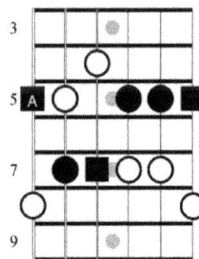

O exemplo 7a mostra quão similar à escala pentatônica menor a pentatônica de Robben Ford é. Eu adoro o som clássico de blues desse lick, que ganha novas cores com a adição da sexta (F#). O segundo compasso apresenta um lick à parte, que introduz uma frase com *double-stops* que é excepcional e agradável de tocar.

Exemplo 7a

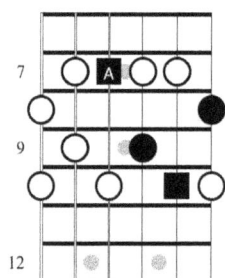

Pentatônica de Robben Ford de A – Posição 2 – Desenho de D

Mozart uma vez disse: "A música não é composta de notas, mas do silêncio entre elas". Como guitarristas, temos a tendência de exagerar, ao escolher tocar longas sequências de notas, em vez de sequências mais simples, com pausas perceptíveis. O exemplo 7b demonstra como a utilização de pausas entre as passagens de notas faz com que cada lick seja realçado.

Exemplo 7b

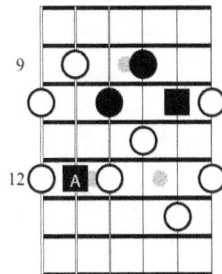

Pentatônica de Robben Ford de A – Posição 3 – Desenho de C

A Robben Ford Pentatonic
Position Three

O exemplo 7c apresenta um padrão de *double-stop* de *chamada e resposta*, com alguns abafamentos característicos do funk. Uma ideia como essa poderia ser o tema central de um solo.

Exemplo 7c

Pentatônica de Robben Ford de A – Posição 4 – Desenho de A

A Robben Ford Pentatonic
Position Four

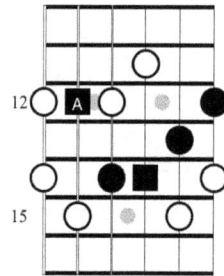

O exemplo a seguir contém *bends* de 1/2 tom e de 1/4 de tom. A formação de Robben Ford em blues o ajuda a adicionar *bends* espetaculares nos seus fraseados baseados no jazz.

Nesse exemplo, foi adicionada uma ênfase extra na sexta (F#), para torná-la o centro do lick. Quando você estiver compondo lick e ideias, utilizando as escalas deste livro, tente salientar as notas mais interessantes de cada escala.

Exemplo 7d

Pentatônica de Robben Ford de A – Posição 5 – Desenho de G

A Robben Ford Pentatonic
Position Five

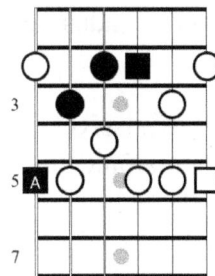

O exemplo a seguir tem uma *vibe* melancólica, com um ritmo de blues funk. Além de tocar o lick a seguir como notado abaixo, tente executá-lo em doze casas acima da notação original. Após aprender esse lick em duas posições diferentes do braço da guitarra, você conseguirá conectá-los mais facilmente com outros licks que você esteja estudando.

Como sempre, certifique-se de tocar esses licks em diferentes tonalidades. Não se limite a tocar tudo na tonalidade de A.

Exemplo 7e

Execute os licks deste capítulo com a backing track seis e certifique-se de praticar a "arte do silêncio" (pausas), quando for criar as suas próprias improvisações, visto que a adição de pausas fará com que os seus solos soem trabalhados e bem fraseados.

Tente combinar as linhas mais técnicas, apresentadas no capítulo sobre a escala pentatônica blues, com as frases rítmicas mais delicadas e trabalhadas, apresentadas neste capítulo, para criar uma gama de solos em diferentes estilos.

Nesse momento, você já deve ter percebido como é possível criar licks completamente diferentes e belos, com a mudança de apenas uma nota em uma escala pentatônica menor.

Capítulo Oito: Escala Pentatônica Menor
"Sem a Tônica Com a Nona"

Videoaula: www.fundamental-changes.com/exotic-pentatonic-soloing

Backing Track Um

Essa escala pentatônica tem um nome complicado, mas, na realidade, ela é apenas uma escala sem a tônica (A, nesse caso) e com os intervalos de segunda/nona (B).

Guitarristas como Eric Johnson e Joe Bonamassa são adeptos dessa escala. Visto que tanto Johnson como Bonamassa são guitarristas inovadores de blues e rock, essa escala de sonoridade moderna é perfeita para os seus solos.

A escala pentatônica menor de A "sem a tônica com a nona" possui as seguintes notas: **B C D E G**.

A fórmula da pentatônica menor "sem a tônica com a nona" é: 2ª, terça menor, 4ª, 5ª, 7ª menor.

A adição da segunda/nona dá a essa escala uma sonoridade única. Frequentemente, como guitarristas, temos o hábito de sempre resolver na tônica. Essa escala irá lhe ajudar a perder esse hábito.

Os licks deste capítulo se ajustam perfeitamente no acorde de Am9. Eles também funcionarão bem com a backing track um.

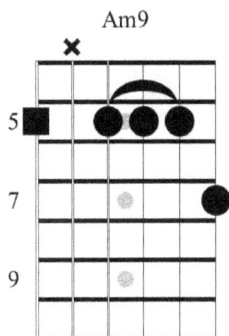

Uma vez que a escala pentatônica menor "sem a tônica com a nona" não possui a nota tônica, as tônicas "fantasmas" nos diagramas são representadas por um losango cinza. *Essa representação serve apenas como referência, uma vez que a tônica não faz parte do desenho da escala.*

Pentatônica Menor de A "Sem a Tônica Com a Nona" – Posição 1 – Desenho de E

A 'No Root add9' Pentatonic
Position One

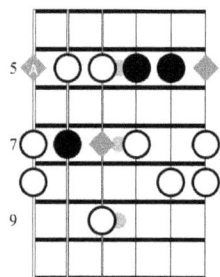

Executar *slides* ascendentes ou descendentes, antes da execução de um salto de cordas, ou fazer inverso (como mostrado nos compassos três e quatro) é uma forma excelente de executar os desenhos de escalas. Lembre-se que os *slides* podem atuar como um recurso melódico ou como uma ponte entre os desenhos de escalas. Guthrie Govan utilizou uma ideia como essa na sua faixa *Waves*.

Exemplo 8a

Pentatônica Menor de A "Sem a Tônica Com a Nona" – Posição 2 – Desenho de D

A 'No Root add9' Pentatonic
Position Two

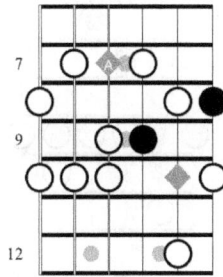

Apesar de simples, o lick a seguir possui uma qualidade vocal. O quarto compasso mostra como você pode criar coisas fantásticas com apenas duas notas.

Exemplo 8b

Pentatônica Menor de A "Sem a Tônica Com a Nona" – Posição 3 – Desenho de C

A 'No Root add9' Pentatonic
Position Three

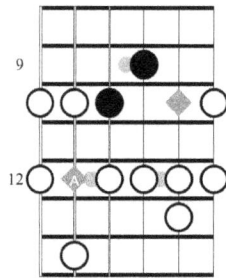

É muito útil imitar o toque suave e controlado de David Gilmour na guitarra. No exemplo seguinte, os compassos um e dois contêm um simples padrão com *bends* e vibratos.

Se você sentir dificuldade para tocar os *bends* na tonalidade correta, toque a nota-alvo primeiro, em seguida tente alcançar a sua tonalidade executando o *bend* da notação abaixo. Por exemplo, no primeiro compasso há um *bend* de 1/2 tom na 12ª casa, na corda Si. Ou seja, um *bend* que tem como nota-alvo a nota de uma casa acima. Assim, toque a nota C, na 13ª casa, na corda Si, e você descobrirá como a nota-alvo do *bend* deverá soar.

Exemplo 8c

Pentatônica Menor de A "Sem a Tônica Com a Nona" – Posição 4 – Desenho de A

A 'No Root add9' Pentatonic
Position Four

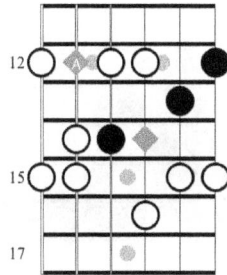

O exemplo 8d é tenso e sobressaltado. A mistura do padrão rítmico no tempo fraco com as pausas prende a atenção do ouvinte. No *bend* do segundo compasso, certifique-se de estar com o dedo 4 na corda Mi (1ª corda), tão logo você faça o *bend* na corda Si. Dessa forma, as notas podem soar umas sobre as outras – algo muito popular no rock clássico.

Assista a videoaula relacionada a esse lick para observar como essas notas devem soar umas sobre as outras.

Exemplo 8d

A 'No Root add9' Pentatonic
Position Five

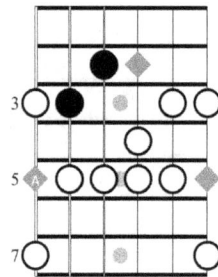

O exemplo 8e utiliza *hammer-ons*, vibratos e *double-stops,* recursos característicos do rock clássico. Esse lick é reminiscente do solo da faixa *All Right Now*, da banda Free, com o incrível Paul Kossoff na guitarra.

Tente tocar esse lick na posição mostrada abaixo, então o mova doze casas acima (uma oitava). A habilidade de mover um mesmo lick para doze casas acima é muito comum nos solos de rock na guitarra.

Exemplo 8e

Os licks deste capítulo tendem mais para o blues e rock, portanto praticar esses exemplos com a backing track um é a melhor opção. É possível que os licks na pentatônica menor de A "sem a tônica com a nona" pareçam levemente irresolúveis, quando tocados com a backing track um, visto que eles não resolvem na nota A tônica. Isso é normal!

Frequentemente, guitarristas terminam os seus licks visando a tônica da escala. Tente evitar esse lugar-comum, com a finalização de um lick em outra nota da escala pentatônica.

O ponto de início e de finalização de um lick é algo muito importante, portanto preste atenção à sua escolha de notas, quando for compor solos.

Capítulo Nove: Escala Pentatônica Lídia

Videoaula: www.fundamental-changes.com/exotic-pentatonic-soloing

Backing Track Quatro

Para montar a escala pentatônica lídia isolamos as notas que definem o modo lídio (os intervalos de terça, quarta aumentada e sétima) e criamos um padrão pentatônico de cinco notas que é fácil de utilizar. A pentatônica lídia possui uma *vibe* única, que é perfeita para o rock e jazz modernos.

Joe Satriani e Steve Vai utilizam o modo lídio e eles são, conhecidamente, dois dos maiores e mais inovadores guitarristas de rock da era pós-Jimi Hendrix. Eles estão sempre buscando sonoridades criativas e diferentes para adicionar aos seus álbuns instrumentais.

A escala pentatônica lídia de A contém as notas: **A C# D# E G#**. A nota característica dessa escala é a D#. A nota D# cria uma dissonância interessante, visto que o seu intervalo em relação à tônica é de quarta aumentada.

A fórmula da escala pentatônica lídia é: 1ª, terça, 4ª aumentada, 5ª, 7ª.

Quando estiver aprendendo novas escalas, lembre-se que às vezes elas parecerão insólitas ou até mesmo dissonantes para os seus ouvidos. Quanto mais o seu ouvido se desenvolver, mais você será capaz de apreciar essas incríveis sonoridades.

Os licks deste capítulo funcionam com base no acorde de Amaj7#11. Você também pode experimentar tocar esses licks com o *power chord* de A, se você quiser alcançar uma abordagem mais rock!

No diagrama abaixo há o acorde de **AMaj7#11**. Esse belo acorde funcionará bem sob os licks deste capítulo.

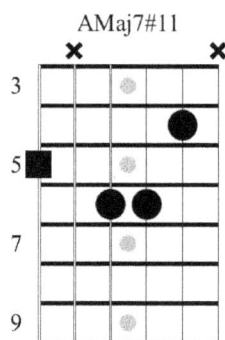

Além de funcionar com o acorde de Amaj7#11, os licks deste capítulo também funcionarão bem com a backing track quatro.

Pentatônica Lídia de A – Posição 1 – Desenho de E

A Lydian Pentatonic
Position One

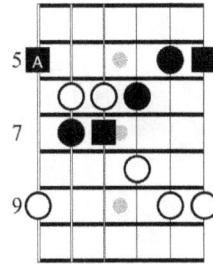

O exemplo 9a possui um *bend* de 1/2 tom, o qual dá uma qualidade "oriental" ao lick. A escala pentatônica lídia dá vida nova às progressões maiores, quando utilizada no lugar de uma escala pentatônica maior.

Exemplo 9a

Pentatônica Lídia de A – Posição 2 – Desenho de D

A Lydian Pentatonic
Position Two

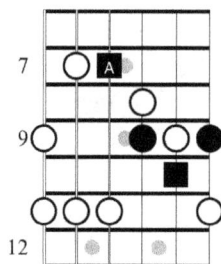

Um tema comum nos licks baseados na pentatônica lídia é a utilização do *bend*, da nota D# para a E.

Tente combinar o exemplo 9a com o exemplo 9b, para criar uma linha mais longa na pentatônica lídia.

Exemplo 9b

Pentatônica Lídia de A – Posição 3 – Desenho de C

A Lydian Pentatonic
Position Three

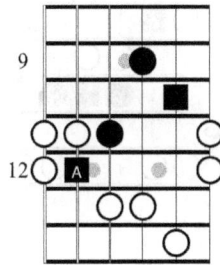

O exemplo 9c demonstra como juntar licks, utilizando uma combinação de *slides* ascendentes e descendentes. A adição da palhetada alternada nos *slides* e do ocasional salto de cordas é o que dá identidade a esse lick. Gosto da natureza irresolúvel desse lick, que termina na nota G#, em vez da tônica, que seria a escolha de nota mais óbvia.

Exemplo 9c

Pentatônica Lídia de A – Posição 4 – Desenho de A

A Lydian Pentatonic
Position Four

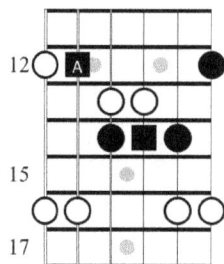

O exemplo 9d é o meu lick favorito deste capítulo. O padrão repetitivo de *hammer-ons* e *pull-offs* misturado com os saltos de cordas ascendentes no primeiro compasso exigirá prática. Como sempre, comece tocando o lick lentamente e não tenha pressa para aumentar a velocidade.

No segundo compasso há novamente *bends* de 1/2 tom, que salientam a qualidade inebriante que essa escala possui.

Exemplo 9d

Pentatônica Lídia de A – Posição 5 – Desenho de G

A Lydian Pentatonic
Position Five

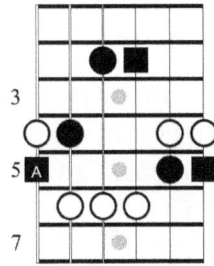

O exemplo 9e apresenta uma mistura de legato e palhetada alternada. É interessante desarrumar um pouco os seus solos, combinando os sons mais fluidos e suaves produzidos pelo legato com os sons mais agressivos produzidos pela palhetada alternada.

No segundo compasso, há uma pequena ideia com nota pedal, que alterna entre a nota tônica A na corda Sol e um movimento ascendente na escala pentatônica lídia.

Exemplo 9e

Os licks apresentados neste capítulo têm como base o rock e o jazz, porém também podem criar um efeito oriental inebriante. A backing track quatro funciona perfeitamente como acompanhamento para todos os licks deste capítulo.

Quando você estiver compondo os seus próprios solos utilizando a escala pentatônica lídia, lembre-se que é a dissonância da escala que a torna única. Em ver de compor solos "perfeitamente resolvidos", que ouvimos no pop e rock comercial, você pode criar ideias mais orientais, com a aplicação das técnicas modernas de rock. Joe Satriani é um mestre em criar melodias memoráveis, que têm a dissonância da pentatônica lídia como o seu núcleo, como pode ser visto na faixa *Flying In A Blue Dream*. Certifique-se de conferir a discografia recomendada no final deste livro, para encontrar vários músicos que inspiraram várias gerações de guitarristas.

Se você estiver com dificuldade para compor ideias com base na escala pentatônica lídia, procure utilizar as técnicas abordadas na página 20. Ao executar a alternância entre os licks que você já conhece e alguns compassos de improvisação, você será capaz de compor ideias criativas de forma rápida e efetiva.

Capítulo Dez: Escala Pentatônica m7b5

Videoaula: www.fundamental-changes.com/exotic-pentatonic-soloing

Backing Track Cinco

A escala pentatônica com sétima menor e quinta diminuta, ou apenas escala pentatônica meio diminuta, possui uma sonoridade moderna e de jazz. Essa escala é normalmente executada com um acorde m7b5, apesar de ela por si mesma ser capaz de produzir sons interessantes.

Guitarristas que utilizam essa escala incluem Robben Ford e Larry Carlton. Tanto Ford como Carlton frequentemente utilizam progressões de acordes complicadas, portanto tente encontrar formas rápidas e fáceis de executar os solos nas diferentes posições dessa escala. Escalas pentatônicas podem representar uma forma fácil de criar linhas de solos fluidas sobre vários tipos de harmonias.

A pentatônica de Am7b5 contém as notas: **A C D Eb G**.

A fórmula da escala pentatônica m7b5 é: 1ª, terça menor, 4ª, 5ª diminuta, 7ª menor.

Os licks deste capítulo funcionarão perfeitamente com o acorde de Am7b5 e a backing track cinco.

As notas em preto nos diagramas deste capítulo representam os desenhos do acorde de Am7b5.

Pentatônica de Am7b5 – Posição 1 – Desenho de E

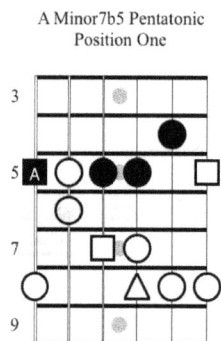

A Minor7b5 Pentatonic
Position One

O triângulo do diagrama acima representa uma forma alternativa de tocar a nota Eb, da corda Si, da 4ª casa. Se você sentir-se desconfortável com essa escala ou achar que a sua digitação seja complicada, tente tocar a nota Eb na corda Sol, na 8ª casa, em vez de tocá-la na corda Si, na 4ª casa.

Inserir todos esses intervalos em padrões fixos na pentatônica gera algumas digitações um tanto complicadas. Dedique um tempo para se familiarizar com o desenho da escala acima e treine a sua digitação, para, de fato, assimilá-la.

O exemplo 10a demonstra um tipo de sonoridade aguda que essa escala tem a oferecer.

Exemplo 10a

Pentatônica de Am7b5 – Posição 2 – Desenho de D

A Minor7b5 Pentatonic
Position Two

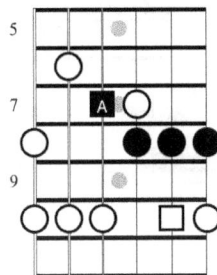

Esse lick possui uma característica de jazz fusion moderno. Tente utilizar a escala pentatônica m7b5 com as técnicas de rock modernas e um pouco de distorção para ver quais tipos de ideias você consegue compor com essa abordagem. Se você estiver em dúvida sobre qual seja a melhor digitação para executar esse lick, assista a sua respectiva videoaula, para ver como o lick é digitado.

Exemplo 10b

Pentatônica de Am7b5 – Posição 3 – Desenho de C

A Minor7b5 Pentatonic
Position Three

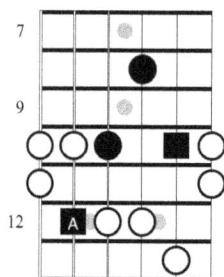

O exemplo a seguir começa com uma ideia interessante com *bends*. Executar *bends* em duas cordas ao mesmo tempo produz um som bem blues e cru. Esse tipo de som é produzido com um *bend* de 1/4 de tom nas cordas Si e Mi (1ª corda). O primeiro compasso contém um lick próprio, e este deve ser memorizado e executado em diferentes tonalidades. O lick do compasso dois resolve com uma combinação de *slides*, *bends* e vibratos.

Exemplo 10c

Pentatônica de Am7b5 – Posição 4 – Desenho de A

A Minor7b5 Pentatonic
Position Four

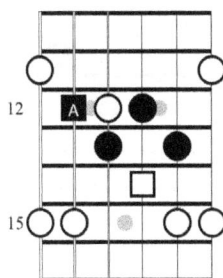

O exemplo 10d apresenta um padrão baseado em legato, que possui um grande intervalo de casas na corda Mi (1ª corda). Ele é importante para o desenvolvimento da coordenação e força do dedo 4. Frequentemente, eu componho licks que abordam áreas que eu desejo aprimorar.

Exemplo 10d

Pentatônica de Am7b5 – Posição 5 – Desenho de G

A Minor7b5 Pentatonic
Position Five

O exemplo 10e apresenta uma ideia dissonante de "jazz". Uma forma criativa de utilizar escalas pentatônicas é imaginar que você está compondo músicas para diferentes públicos. O lick a seguir poderia ser utilizado como um tema de um filme de terror ou em cena de luta de um videogame. A música está presente em vários segmentos, como em: comerciais, filmes, televisão, videogames e plataformas online. Todos eles precisam de músicas de diversos estilos.

Uma técnica que eu gosto de utilizar é a de criar uma peça musical, ou lick, baseada em uma imagem qualquer. Por exemplo, imagine um balão de ar quente tripulado. Em seguida, imagine-se no balão em questão e tente recriar na guitarra o som do vento e da chama do balão, utilizando uma combinação de técnicas de guitarra e melodia. Você pode utilizar *bends*, *slides*, *hammer-ons*, *pull-offs* e vibratos para recriar musicalmente qualquer imagem que você queira transmitir.

Exemplo 10e

Os exemplos deste capítulo possuem uma *vibe* de jazz e blues fusion e funcionarão muito bem com a backing track cinco. A backing track em si consiste de um vamp de um acorde, o que significa que o acorde de Am7b5 é tocado continuamente. Você também pode utilizar essa escala com a backing track seis.

Muitos guitarristas de blues e rock sentem receio de tocar jazz. No entanto, após estudar os licks e ideias deste capítulo (especialmente o exemplo 10b), você poderá começar a tocar licks mais jazz, sem precisar pensar em teoria musical avançada.

A principal diferença entre os licks de blues e os licks de jazz é que estes em geral possuem menos notas com *bends*. Como demonstrado no exemplo 10b, *slides*, *hammer-ons*, *pull-offs* e abordagem de notas-alvo são as técnicas mais utilizadas para criar linhas de jazz fusion.

Tente utilizar o exemplo 10b como base para as suas improvisações de jazz. Execute a backing track cinco e alterne entre os dois compassos do exemplo 10b e dois compassos das suas próprias improvisações. Quando você estiver se sentindo confortável com essa abordagem, execute-a com outros licks deste capítulo e combine-os da forma que mais lhe agradar.

Lembre-se: "Se algo soa bem, então esse algo é bom!".

Capítulo Onze: Escala Pentatônica Maj7#5

Videoaula: www.fundamental-changes.com/exotic-pentatonic-soloing

Backing Track Seis

A escala pentatônica de "sétima maior e quinta aumentada" tem uma sonoridade de jazz moderno. Essa escala é predominante utilizada com um acorde Maj7#5, porém por si mesma pode produzir sons interessantes. A nota E# (F) é a nota que mais se destaca na escala. Essa nota "intenciona" resolver na nota E, porém quando deixada irresoluta produz um som dissonante. Essa dissonância pode ser muito útil em estilos modernos como o fusion e o jazz.

Guitarristas como Joe Pass e John McLaughlin utilizavam a pentatônica Maj7#5 nas suas músicas. Ambos os guitarristas frequentemente utilizavam *voicings* de acordes inusitados e gostavam de procurar escalas apropriadas para executá-los.

A pentatônica de AMaj7#5 contém as notas: **A C# D E# (F) G#**.

A fórmula da escala pentatônica Maj7#5 é: 1ª, terça, 4ª, 5ª aumentada, 7ª.

O acorde de AMaj7#5 contém as notas: A C# E# G#. Você pode ter notado que podemos adicionar a nota D para criar um desenho de escala pentatônica. Os licks deste capítulo funcionarão perfeitamente com o acorde de AMaj7#5. Você também pode utilizar a backing track seis para praticar os licks deste capítulo.

Dica Especial

Dedique um tempo para escutar músicas de gêneros e artistas que você não conhece. Além disso, não se limite a escutar músicas baseadas apenas na guitarra! Tente escutar músicas compostas para saxofone, violino e voz. *Imite e assimile tudo o que você puder de diversos gêneros!*

As notas em preto nos diagramas representam os desenhos do acorde de AMaj7#5.

Pentatônica de AMaj7#5 – Posição 1 – Desenho de E

A Major7#5 Pentatonic
Position One

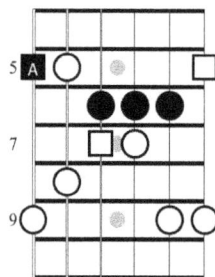

O exemplo 11a é um tema repetitivo, baseado em uma linha melódica insólita. A pentatônica Maj7#5 é frequentemente utilizada em trilhas sonoras e pode ser incrivelmente tensa. As notas presentes neste desenho de pentatônica exigem que você aprenda um padrão de digitação um pouco mais difícil.

Exemplo 11a

Pentatônica de AMaj7#5 – Posição 2 – Desenho de D

A Major7#5 Pentatonic
Position Two

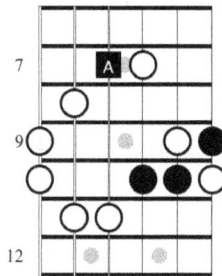

O exemplo 11b cria novamente um tema de jazz, apenas com a utilização de *slides* e da palhetada alternada. Uma técnica que não é muito comum no jazz é o *bend*, no entanto no jazz cigano há ocasionais *bends* de 1/2 tom.

Exemplo 11b

Pentatônica de AMaj7#5 – Posição 3 – Desenho de C

A Major7#5 Pentatonic
Position Three

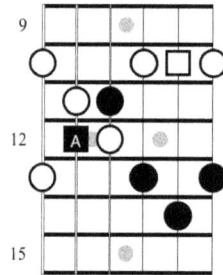

O exemplo 11c apresenta um lick de rock/metal, baseado na palhetada alternada. A dissonância criada por esse lick é muito comum em bandas modernas de metal e é vista frequentemente nas partes da guitarra rítmica.

Grave o *power chord* de A5 e toque esse lick junto com ele, para criar um som de "nu metal" moderno.

Exemplo 11c

Pentatônica de AMaj7#5 – Posição 4 – Desenho de A

A Major7#5 Pentatonic
Position Four

É hora de tocarmos funk! Incluir o abafamento de cordas em um lick adiciona uma nuance que é muito comum na guitarra rítmica, porém frequentemente ignorada nas partes de guitarra solo.

Exemplo 11d

A Major7#5 Pentatonic
Position Five

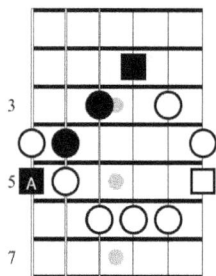

No exemplo a seguir, tomei a liberdade de permitir que a nota da corda Lá solta atue como uma nota pedal. A utilização de notas em cordas soltas lhe permite tocar todo o tipo de nota sobre elas.

Recomendo fortemente que você utilize essa abordagem em todos os desenhos de pentatônica deste livro. Toque a corda Lá solta para executar a nota A e veja quantos acordes interessantes você consegue criar, utilizando apenas as escalas deste livro.

Exemplo 11e

Os licks deste capítulo possuem influências do jazz, funk, blues e rock. Além disso, funcionam muito bem com a backing track seis. Você notará que a backing track seis é a faixa mais citada de todo este livro, pois cada um dos licks e escalas aqui apresentado pode ser executado com essa backing track.

Além de praticar os licks de outros capítulos com as suas respectivas backing tracks, selecione os seus licks favoritos e toque-os com a backing track seis. Essa forma de tocar diferentes escalas na mesma tonalidade é chamada de *Teoria Pitch Axis*. Ela é uma técnica frequentemente utilizada por guitarristas de rock moderno, como Joe Satriani e Steve Vai.

Com a utilização de uma nota tônica sendo tocada continuamente com uma backing track e com o uso de uma variedade de ideias em escalas, ganhamos uma gama de recursos musicais para utilizarmos.

Abaixo temos uma linha do tempo com o uso da *teoria pitch axis*.

A Minor Pent   A Hindu Pent   A Robben Ford Pent   A Iwato Pent

O diagrama acima lhe mostra como você pode utilizar quatro licks diferentes de quatro capítulos deste livro com a backing track seis.

Capítulo Doze: Escala Pentatônica Iwato

Videoaula: www.fundamental-changes.com/exotic-pentatonic-soloing

Backing Track Seis

Os dois últimos capítulos sobre escalas deste livro buscam introduzir sonoridades mais orientais. O objetivo aqui é dar um toque oriental ao seu estilo.

A escala pentatônica Iwato é utilizada na música tradicional japonesa. Escalas pentatônicas são muito utilizadas na música japonesa, e a escala deste capítulo é uma ótima pedida.

Marty Friedman é um especialista na execução de solos baseados em escalas orientais exóticas. Ele as combina com as técnicas do rock para criar um som único. Recomendo que você ouça o álbum *Scenes* de Friedman, para ouvir como sons de novas escalas podem ser utilizados.

A escala pentatônica Iwato de A possui as notas: **A Bb D Eb G**. A nota Bb oferece uma dissonância inicial, que é então reforçada pela nota Eb. Essa escala tem uma tonalidade menor mais obscura e funciona bem com as técnicas de rock e metal modernos.

A fórmula da escala pentatônica Iwato é: 1ª, 2ª menor, 4ª, 5ª diminuta, 7ª menor.

A backing track seis funciona perfeitamente com os exemplos apresentados neste capítulo e lhe dá liberdade para improvisar. Quando você for utilizar escalas exóticas é, em geral, uma boa ideia manter simples a melodia da backing track/música. Isso lhe permite solar utilizando uma tonalidade nova, sem se preocupar com as possíveis dissonâncias. A backing track seis consiste de um groove de uma nota, no estilo de guitarristas como Joe Satriani e Marty Friedman.

Apesar de os licks deste capítulo se ajustarem nos desenhos do acorde de Am, do sistema CAGED, eles são difíceis de serem vistos, portanto apenas as tônicas foram destacadas, para servir como ponto de referência.

Pentatônica Iwato de A – Posição 1 – Desenho de E

A Iwato Pentatonic
Position One

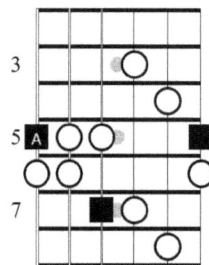

Ao utilizar padrões de oitavas, em vez de ideias de notas isoladas, os riffs soam mais cheios. Normalmente, é mais fácil compor licks utilizando notas isoladas primeiramente e então adicionar um desenho de oitava, após a criação da melodia.

Executar *slides* em oitavas é mais desafiador tecnicamente, do que tocar cada desenho individualmente, no entanto o resultado dessa abordagem é recompensador.

Exemplo 12a

Pentatônica Iwato de A – Posição 2 – Desenho de D

A Iwato Pentatonic
Position Two

O exemplo 12b pode ser visto como uma linha melódica ou como um lick técnico mais complexo. Os dois primeiros compassos apresentam uma melodia oriental delicada, baseada apenas em sequências de uma corda. Prender-se a apenas uma corda lhe força, muitas vezes, a criar linhas melódicas com a quantidade limitada de notas disponíveis.

Os compassos três e quatro apresentam um padrão de legato com salto de cordas. Paul Gilbert adora arranjar os seus arpejos dessa forma. Confira a videoaula deste capítulo para ver como certas cordas devem ser abafadas, o que lhe permitirá se concentrar na expressão melódica.

A melhor forma de praticar esse abafamento é aumentando a distorção do seu amplificador. Dessa forma, você ouvirá alguns zumbidos e ruídos indesejáveis nas casas ou nas cordas. Tente mitigar esses sons indesejáveis com o abafamento de cordas, que pode ser executado por ambas as mãos.

Exemplo 12b

Pentatônica Iwato de A – Posição 3 – Desenho de C

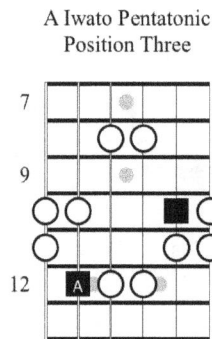

A Iwato Pentatonic
Position Three

O exemplo seguinte contém um *bend* de dois tons, ou seja, um *bend* que equivale a quatro casas do braço da guitarra. Esse tipo de *bend* é difícil de dominar. Toque a nota-alvo antes de executar o *bend*, para que você saiba qual tonalidade o *bend* deve alcançar.

É mais fácil executar *bends* em cordas mais leves, como as 0.009, em comparação às cordas mais pesadas, como as 0.012.

Exemplo 12c

Pentatônica Iwato de A – Posição 4 – Desenho de A

A Iwato Pentatonic
Position Four

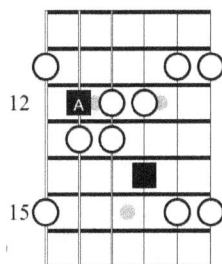

No exemplo 12d, vemos como padrões descendentes em tercinas podem funcionar bem com linhas modernas de solos de rock. Gosto de combinar as técnicas modernas da guitarra com escalas orientais, e a execução do exemplo abaixo faz parte da minha rotina de estudos.

Certifique-se de conferir às notas palhetadas o mesmo volume das notas executadas com *hammer-ons* e *pull-offs*, a menos que você queira acentuar certas notas para criar um efeito melódico específico.

Exemplo 12d

Pentatônica Iwato de A – Posição 5 – Desenho de G

A Iwato Pentatonic
Position Five

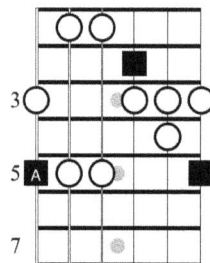

Django Reinhardt é uma presença inesperada no exemplo a seguir. Uma técnica incrivelmente efetiva é utilizar a abordagem de Django: "*hammer-on, pull-off, slide* e *slide*". Essa técnica pode fazer com que algumas poucas notas soem muito sofisticadas. Guitarristas contemporâneos de rock e metal utilizam essa técnica em diferentes padrões de escalas. Tente compor os seus próprios licks utilizando essa abordagem.

Exemplo 12e

Os licks apresentados neste capítulo possuem uma *vibe* de "rock oriental", e a backing track seis é a escolha perfeita para os exemplos deste capítulo. Apesar de a escala pentatônica Iwato ter origem na música japonesa tradicional folk, ela funciona bem com as técnicas utilizadas no rock moderno.

O exemplo 12b possui um salto de cordas que você pode adicionar ao seu repertório. Ao criar um lick utilizando cordas não adjacentes, é possível adicionar emoção com os saltos com intervalos.

A IWATO PENTATONIC - Using E, D and B Strings

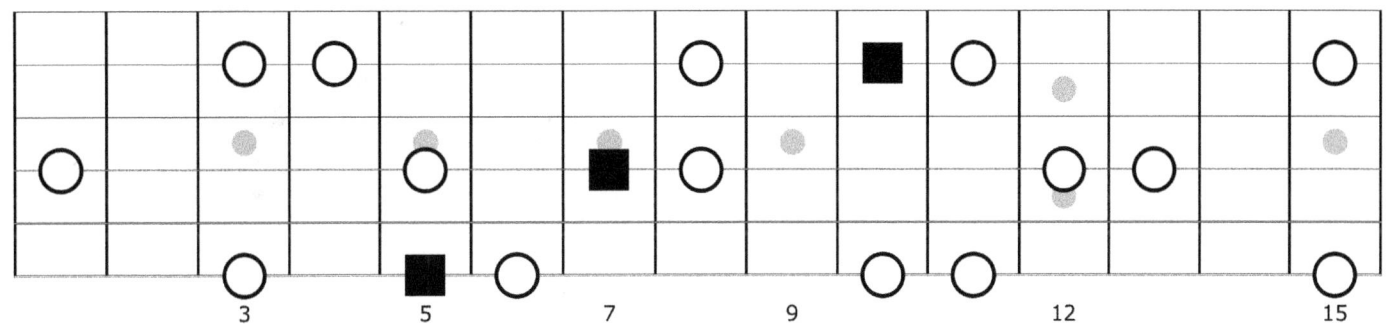

No diagrama acima, estão as notas da escala pentatônica Iwato de A, porém apenas nas cordas Mi (6ª corda), Ré e Si. A coisa mais fantástica sobre organizar as notas dessa forma é que essa estrutura nos força a sair da nossa zona de conforto. Essa disposição de notas, além de aprimorar o seu conhecimento do braço da guitarra, irá lhe ajudar a tocar melhor a guitarra solo.

Após aprender os desenhos de escalas deste livro, de forma linear e não linear, você será capaz de criar solos que não estarão presos a padrões e desenhos específicos.

A IWATO PENTATONIC - Using A, G and E strings

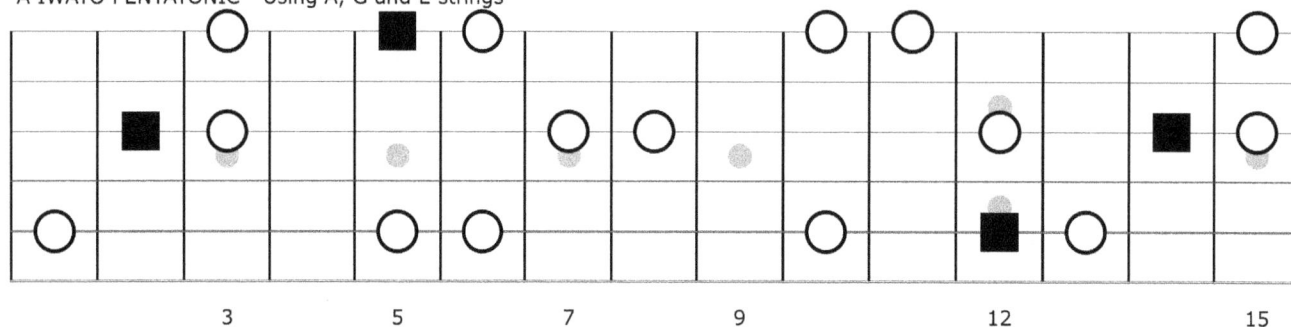

O diagrama acima apresenta as cinco posições da escala pentatônica Iwato de A, porém apenas nas cordas Lá, Sol e Mi (1ª corda).

Dica Especial!

Agora você deve estar nadando em um oceano de novas ideias e possibilidades. Recomendo que você crie um diário de licks em vídeo, para servir-lhe de referência. Filme os seus licks e, se possível, escreva-os em notação musical ou em formato de tablatura. Dessa forma, daqui a seis meses você terá meios de comparar a sua evolução na guitarra. Além disso, isso irá lhe permitir revisar os licks que você talvez tenha esquecido.

Capítulo Treze: Escala Pentatônica Hirojoshi

Videoaula: www.fundamental-changes.com/exotic-pentatonic-soloing

Backing Track Seis

A escala pentatônica Hirojoshi tem uma sonoridade japonesa e funciona bem com as técnicas modernas de guitarra. Tradicionalmente, instrumentos de corda, como o Koto, eram utilizados para tocar escalas como essa. Os cinco desenhos dessa escala japonesa funcionam bem com os cinco desenhos do CAGED.

A música pop japonesa se tornou mais comercial e possui muitas semelhanças com a música do ocidente, no entanto a música tradicional japonesa ainda contém sonoridades provenientes da sua herança musical original.

A pentatônica Hirojoshi de A possui as notas: **A B C E F**.

A fórmula da escala pentatônica Hirojoshi é: 1^a, 2^a, terça menor, 5^a, 6ª menor.

Intervalos longos frequentemente resultam em padrões inusitados na guitarra, e a sonoridade única da pentatônica Hirojoshi é composta de intervalos curtos e longos. Como sempre, certifique-se de estudar cada desenho de acorde e escala, antes de praticar esses licks. A escala pentatônica Hirojoshi funcionará melhor com a backing track seis.

Dica Especial!

Não Ponha Limites a Si Mesmo! A guitarra é um dos instrumentos mais adaptáveis e expressivos que existe. Escute diversos estilos de música, até mesmo aqueles que você nunca se imaginaria tocando. A música folk japonesa talvez não esteja na sua lista de prioridades, no entanto, após estudá-la, você será capaz de desenvolver novas ideias para adicionar ao seu repertório.

O acorde do diagrama abaixo é o *power chord* de A5. Esse *power chord* funciona extremamente bem com os licks orientais deste capítulo.

Apesar de os licks deste capítulo se ajustarem nos desenhos do acorde de A menor do CAGED, apenas as suas tônicas foram salientadas em preto, para servir como ponto de referência.

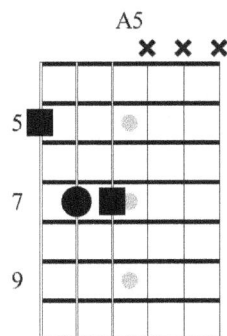

A5

Pentatônica Hirojoshi de A – Posição 1 – Desenho de E

A Hirojoshi Pentatonic
Position One

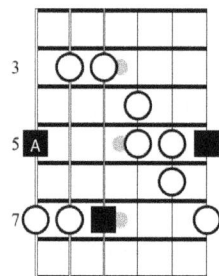

Esse primeiro lick já começa destacando o som da escala pentatônica Hirojoshi. Nos compassos um e dois, o lick baseia-se em um tema repetido com *bends* de 1/2 tom. O compasso três apresenta digitações mais difíceis, com a tônica A sendo utilizada como nota pedal, durante os *bends* ascendentes. Utilize a regra de "um dedo por casa" onde for possível, mas, se isso parecer desconfortável, toque o lick da forma que for melhor para você. Na música oriental, *double-stops* dissonantes são utilizados frequentemente e eles podem ser vistos no fim do terceiro compasso.

Exemplo 13a

Pentatônica Hirojoshi de A – Posição 2 – Desenho de D

A Hirojoshi Pentatonic
Position Two

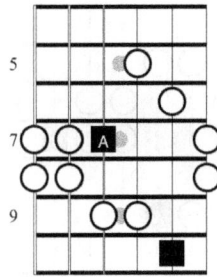

No primeiro compasso há um tema simples com *bend* que utiliza tanto um *bend* de um tom como um *bend* de um tom e meio. Resolver esses *bends* na nota tônica A faz com que o ouvinte saiba que tipo de som está sendo tocado. O compasso dois lembra alguns dos licks de rock de Marty Friedman. Ele apresenta linhas fluidas com legato, que criam um som único de rock oriental.

Exemplo 13b

A Hirojoshi Pentatonic
Position Three

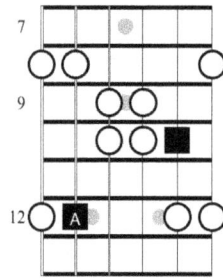

O lick a seguir é enigmático e melancólico. As tríades, no primeiro compasso, criam tensão, e a adição dos *double-stops* fornece mais suspense. Essa tríade é composta das notas A, C, F e A. Ela é essencialmente uma tríade de F maior, porém com a nota A atuando como tônica. As notas alvoroçantes executadas com legato, no compasso dois, finalizam o lick de modo esplendoroso.

Exemplo 13c

Pentatônica Hirojoshi de A – Posição 4 – Desenho de A

A Hirojoshi Pentatonic
Position Four

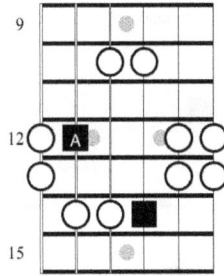

O exemplo 13d apresenta outra linha longa e fluida com legato. Obviamente, você pode utilizar a palhetada alternada em vez de executar o legato. Isso resultará em um som completamente diferente. No entanto, a pentatônica Hirojoshi funciona melhor com *hammer-ons* e *pull-offs*, que são técnicas de legato.

Exemplo 13d

Pentatônica Hirojoshi de A – Posição 5 – Desenho de G

A Hirojoshi Pentatonic
Position Five

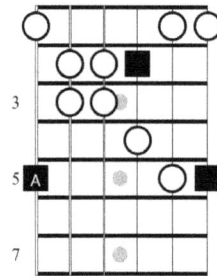

A ideia a seguir é um riff composto com base na pentatônica Hirojoshi, que soa melhor quando tocado com distorção. A combinação de uma linha simples de notas isoladas com dois *power chords* (A5 e F5) vigorosos é o que dá personalidade a esse riff.

Você também pode tentar utilizar os *power chords* desse lick para compor bases para todos os licks e ideias deste capítulo.

Exemplo 13e

Os licks deste capítulo possuem uma *vibe* oriental e funcionam perfeitamente com a backing track seis. As notas mais obscuras da escala aqui abordada, quando utilizadas em solos, funcionam maravilhosamente bem em um contexto de rock ou metal. Além disso, elas se adaptam bem aos *bends*, *hammer-ons*, *pull-offs*, vibratos e *slides*.

Capítulo Catorze: Improvisando

No capítulo três, foi apresentado um método simples para compor solos e combinar um lick que você já conhece com improvisações. Na imagem abaixo temos mais alguns guias que você pode utilizar para criar os seus próprios solos.

Certifique-se de sempre revisar os licks que você já aprendeu, visto que eles atuarão como base para os seus solos. Você deve inserir no guia abaixo apenas os licks que você consegue tocar confortável e fluentemente.

O guia anterior pode ser invertido, desse modo você começa a sequência improvisando e em seguida toca um lick. Utilize essas fórmulas quando você estiver começando a improvisar com os licks deste livro. Assim, os seus solos soarão bem trabalhados e confiantes.

Os solos clássicos que ouvimos em músicas são raramente improvisados. Em geral, eles são compostos de antemão, para serem inseridos na música. No entanto, alguns elementos são frequentemente improvisados, com base em padrões estruturados de compassos, como os compassos apresentados acima.

Além de utilizar a abordagem de combinar compassos de licks com compassos de improvisação, há outro método muito popular feito para aprimorar a sua habilidade de improvisação, que se baseia em lhe forçar a utilizar apenas algumas notas de uma determinada escala. Força-se a tocar notas que você já conhece de formas diferentes faz com que você dissipe quaisquer receios que você possa ter sobre a utilização de desenhos completos de escalas em improvisações.

Improvisando com Apenas Algumas Notas

Limite-se a tocar no máximo quatro notas em duas cordas adjacentes, utilizando apenas uma escala, e veja quantas ideias você consegue criar. Os exemplos deste capítulo são baseados na escala pentatônica menor de A, porém você pode utilizar qualquer uma das escalas apresentadas neste livro.

Utilizando Quatro Notas da Pentatônica Menor de A

Um bom ponto de partida é utilizar as quatro notas acima e a backing track um como base para a criação de novas ideias. É possível que após um ou dois minutos você fique sem ideias. Isso é perfeitamente normal no início, e com o tempo a sua criatividade aumentará.

No começo a possibilidade conseguir criar algo pode parecer ínfima, especialmente quando apenas quatro notas podem ser utilizadas. No entanto, ao utilizar *bends*, *hammer-ons*, *pull-offs*, *slides* e vibratos essa possibilidade aumenta muito. Abaixo temos duas formas simples de combinar as quatro notas que temos à nossa disposição.

A técnica mais simples de todas é executar *slides* entre cada uma das notas da escala. Essa técnica fácil e efetiva é frequentemente utilizada em licks de blues e rock. Os *slides* podem ser feitos em qualquer direção, desde que eles não toquem outras notas, além das quatro disponíveis. Utilize essas ideias como ponto de partida e tente criar outras ideias tanto quanto possível. Quanto mais ideias forem criadas, melhor!

Outra ideia é utilizar legato (*hammer-ons* e *pull-offs*). Da mesma forma do exemplo com *slide* acima, aplique o legato da forma que mais lhe agradar, porém utilizando apenas quatro notas da escala.

Bends e vibratos funcionarão melhor em algumas partes da escala do que em outras, portanto a experimentação é crucial para que você descubra algo que lhe agrade. Se você estiver com dificuldades para compor ideias, consulte os licks deste livro para ver onde os *bends* são adicionados em cada padrão.

Após cerca de cinco minutos limitando-se a tocar apenas quatro notas, comece a tocar outro grupo de quatro notas. Elas devem ser, preferencialmente, notas relacionadas às quatro notas originais.

Aplique os princípios já explicitados e veja quantas ideias melódicas você é capaz de criar. Por exemplo, você pode utilizar as quatro notas abaixo como uma extensão do exercício anterior.

Utilizando Quatro Notas da Pentatônica Menor de A

Expanda o exercício acima com a backing track um, utilizando as técnicas já mencionadas.

Depois, tente executar o mesmo exercício, porém em uma posição diferente do braço da guitarra, para conseguir novos sons e nuances.

Utilizando Quatro Notas da Pentatônica Menor de A – Posição 2

Acima, temos quatro notas da escala pentatônica menor de A, na posição dois. Essas quatro notas possuem o mesmo intervalo de casas dos exemplos da página anterior, logo você pode transpô-las facilmente às suas ideias de improvisação.

Quando você estiver se sentindo confortável com cada um desses padrões de quatro notas, pratique-os novamente, porém limitando-se a tocar apenas *seis* notas e utilizando uma backing track de sua preferência.

Improvisação Rítmica

Escolha um escala qualquer deste livro e coloque a sua respectiva backing track em execução. Sem a guitarra, bata as mãos ou os pés, para assimilar o ritmo da backing track. Em seguida, com a guitarra, crie um lick que utilize o ritmo que você acabou de reproduzir. As notas a serem tocadas podem ser de qualquer lugar no braço da guitarra. Essa técnica simples lhe força a incorporar certa variação rítmica nos seus licks de guitarra solo. Se você sentir dificuldade para lembrar os ritmos que você reproduzir, grave-os.

Técnica Específica de Improvisação

Em vez de utilizar a abordagem de improvisação baseada em *notas* específicas, é possível utilizar a abordagem de improvisação baseada na *técnica*. Selecione uma escala pentatônica deste livro e a sua respectiva backing track. Escolha uma técnica de guitarra (*bend*, legato, *slide* ou vibrato) e sole apenas com ela. Todo o braço da guitarra pode ser utilizado neste exercício, visto que não há limite de notas.

Capítulo Quinze: Construindo Frases Melódicas

Videoaula: www.fundamental-changes.com/exotic-pentatonic-soloing

Agora que você já sabe como os desenhos de escalas e licks das diversas escalas pentatônicas funcionam, é hora de vermos como você pode compor os seus próprios riffs e licks.

Dica #1 – Quantas notas utilizar?

Frequentemente, utilizamos notas isoladas para compor ideias musicais. Uma forma de estimular a criatividade é ver o desenho de uma escala como composto de intervalos de duas notas, tríades ou desenhos de acordes de quatro notas. Observe atentamente as suas escalas favoritas e tente criar os seus próprios licks aplicando essa perspectiva. Veja quantas ideias você consegue extrair de cada desenho de escala pentatônica.

Dica #2 – Adicione Técnicas Profissionais

As cinco técnicas que devem formar o núcleo do seu repertório de solos são: *slides, bends, hammer-ons, pull-offs* e vibrato. A utilização dessas técnicas combinadas dará vida a qualquer ideia de escala. Não há regras específicas sobre quando a utilização de cada uma dessas técnicas deve ser feita. Em geral, isso varia de estilo para estilo.

Selecione uma pequena parte de uma escala pentatônica (em duas ou três cordas) e toque uma melodia simples. Em seguida, tente introduzir algumas técnicas que aprimorem a melodia. Esse exercício compõe a base da composição de linhas melódicas de qualquer duração. Após você ter desenvolvido um lick dessa forma, tente adicionar-lhe outro lick, utilizando o mesmo desenho de escala ou outro desenho.

Gradualmente, adicione mais técnicas e lembre-se que os desenhos de escalas oferecem um modelo que você poderá utilizar nos solos, mas são as técnicas profissionais que lhes adicionarão vida.

Dica #3 – Mantenha os Seus Licks Melódicos

Como guitarristas, temos a tendência de nos perder em técnicas mais elaboradas. No entanto, tente fazer com que o núcleo dos seus licks possa ser cantado. Obviamente, haverá licks que você tocará de modo mais técnico e elaborado, porém, se você conseguir manter os seus temas melódicos, é mais provável que eles sejam bem recebidos.

Dica #4 – Fraseado

Duas das minhas formas favoritas de adicionar fraseado melódico a um lick se constituem respectivamente de adicionar pausas entre os licks e alterar a dinâmica (tocar mais alto ou mais baixo). Algo a ser lembrado é: "a palheta nunca fica cansada". Tente cantar os seus licks em voz alta e pergunte-se: "Onde uma pausa na melodia poderia ser adicionada?", "Quão alto ou suave o lick deve soar?" e "Onde é necessária a adição de uma pausa?".

Outro elemento a ser considerado no fraseado é a criação de ritmos interessantes. Não toque cada nota na mesma duração de tempo. Inclua diferentes ritmos e grooves, dependendo do que você estiver tocando.

Dica #5 – Repetição com Variação

A repetição com variação é uma "regra de ouro" para a criação de solos mais longos. Tente criar um tema principal para o qual você possa retornar durante o solo. A cada vez que você retornar ao tema adicione mudanças sutis; elas podem ser tão simples como a adição de uma das técnicas profissionais. Isso ajuda o ouvinte a se prender no tema principal do seu solo, e ele sentir-se-á recompensado inconscientemente toda a vez que ele o ouvir. Um excelente exemplo disso é o tema principal da faixa *Surfing with the Alien*, de Joe Satriani.

Conclusão

Todos podem aprimorar as suas abordagens de melodia na guitarra, seja você um músico mais técnico ou músico que prefere licks mais simples. Tente executar os solos que lhe são favoritos e pense sobre o porquê de eles serem especiais.

Capítulo Dezesseis: Substituições de Pentatônica Menor

Uma técnica comum aplicada a escalas pentatônicas é a *substituição*. Substituição de pentatônica significa selecionar uma escala (por exemplo, a escala pentatônica menor) e tocar sobre ela diferentes acordes, para criar inovadoras e excitantes texturas.

A escala pentatônica menor, já abordada no capítulo três, funciona muito bem com acordes menores. Os intervalos dessa escala são: 1ª, terça menor, 4ª, 5ª e 7ª menor. Algo muito interessante é que, se movermos um desenho da escala pentatônica menor e o tocarmos com um mesmo acorde, é possível ter fácil acesso a novos intervalos.

Esse capítulo aborda algumas formas úteis de executar substituições de pentatônica.

O Truque de "Eric Johnson" – Substituição de Pentatônica Menor a Partir da Quinta

A minha forma preferida de executar a substituição de pentatônica é utilizando uma ideia que aprendi com Eric Johnson.

A escala pentatônica menor de A possui as notas: A C D E G. A partir da nota tônica A, temos os intervalos de: 1ª, terça menor, 4ª, 5ª e 7ª menor. Porém, é possível tocar outras escalas pentatônicas sobre um acorde de A menor.

Por exemplo, a pentatônica menor de E contém as notas: E G A B D.

Executar a escala pentatônica menor de E *sobre* a nota tônica A cria os intervalos de: 5ª, 7ª menor, 1ª, 2ª e 4ª. Esses intervalos são quase idênticos àqueles da escala pentatônica menor de A; a única diferença é que a terça menor da escala pentatônica menor de A foi substituída pela segunda.

Tais intervalos (1ª, 2ª, 4ª, 5ª e 7ª menor) soam muito bem quando tocados sobre um acorde de A menor, no entanto, como a terça menor foi abandonada, o som criado é levemente ambíguo.

Regra: Tocar uma pentatônica menor a partir da quinta de uma escala.

O Truque "Dórico" – Substituição de Pentatônica Menor a Partir da Segunda

Nesse exemplo, a escala pentatônica menor de B (B D E F# A) é tocada sobre a nota tônica A do acorde de Am7. Isso implica os intervalos de: 2ª, 4ª, 5ª, 6ª e 1ª. Tocar a escala pentatônica menor em duas casas acima da tônica do acorde menor nos permite criar um sabor dórico, com a introdução da sexta.

Regra: Tocar uma pentatônica menor a partir da segunda de uma escala.

O Truque "Lídio" – Substituição de Pentatônica Menor a Partir da Sétima

A sonoridade do modo lídio pode ser criada utilizando a escala pentatônica menor. No exemplo a seguir, as notas da escala pentatônica menor de G# são tocadas sobre a nota tônica A do acorde de Amaj7#11. Isso cria os intervalos de: 7ª, 2ª, terça, 4ª aumentada e 6ª. Ao tocar uma escala pentatônica menor em uma casa abaixo da tônica de um acorde maior (ou de um acorde Maj7#11), o intervalo de quarta aumentada é adicionado.

Regra: Tocar uma pentatônica menor a partir da sétima (em um semitom abaixo) de uma escala.

O Truque "Eólio" – Substituição de Pentatônica Menor a Partir da Quarta

O modo eólio ou escala natural menor é uma das escalas menores mais comuns na música ocidental. Esse modo possui uma longa relação com o rock clássico, porém também é frequentemente visto na música clássica. O intervalo principal é o de sexta menor, que tem uma tensão que tenciona resolver na quinta.

O som do modo eólio pode ser criado com uma substituição de escala pentatônica menor. No exemplo a seguir, tocaremos as notas da escala pentatônica menor de D sobre a nota tônica A do acorde de Am7. Isso cria os intervalos de: 4ª, 6ª menor, 7ª menor, 1ª e terça menor. Ao tocar uma pentatônica menor, a partir da quarta de uma escala, é possível criar o som do modo eólio.

Regra: Tocar uma pentatônica menor a partir da quarta de uma escala.

Am7 — Dm Pentatonic Position 1

O Truque da "Dominante Alterada" – Substituição de Pentatônica Menor a Partir da Terça Menor

Tocar acordes de jazz é frequentemente um desafio, especialmente para músicos de blues rock. Esse exemplo apresenta um som sofisticado e jazz, utilizando apenas uma escala pentatônica menor. Para executar esse truque, uma escala pentatônica menor de C é tocada sobre a nota tônica A do acorde de A7#5b9, para criar os intervalos de: 9ª aumentada, 5ª diminuta, 5ª aumentada, 7ª menor e 9ª menor. Essa substituição nos dá acesso a alterações comuns que são tocadas sobre acordes alterados da dominante, como o A7#5 ou o A7b9. Essa substituição de escala é uma forma simples de conseguir sons complexos, quando se está tocando sobre acordes alterados da dominante. Apenas se certifique de resolver as suas linhas de forma limpa.

Regra: Tocar uma pentatônica menor a partir da terça menor de uma escala.

A7#5b9 — C Minor Pentatonic Position 1

Essa foi uma breve introdução ao fascinante universo das substituições de pentatônica. Apesar de haver uma gama de opções de substituição de pentatônica, as substituições aqui apresentadas foram criadas apenas com base na escala pentatônica menor de A.

Algumas dessas substituições podem soar mais agradáveis do que outras, portanto certifique-se de saber qual é a tônica do acorde base e sempre resolva em uma nota expressiva do acorde.

Capítulo Dezessete: Desenvolvendo o seu Som

Este livro abordou uma gama de escalas e licks de diversos gêneros musicais. Do rock clássico à música folk japonesa, essas escalas pentatônicas exóticas são incrivelmente versáteis.

Agora que você já aprendeu algumas escalas exóticas e dominou os licks deste livro, é hora de colocar tudo junto em um pacote musical completo.

Os pontos a seguir, mostrar-lhe-ão como você pode transformar notas de escalas, padrões e licks em música de verdade, através do desenvolvimento do seu tom e som.

O Músico

O elemento mais importante da produção de tom é a pessoa que está tocando a guitarra. A maioria dos guitarristas profissionais consegue fazer com que qualquer instrumento ou amplificador soe muito bem. Você é a fonte do tom! A primeira coisa a fazer é certificar-se de que *cada* nota que você toque tenha um significado e propósito. Jeff Beck, que gravou algumas das melhores músicas do mundo, disse: "É melhor tocar um nota bem, do que milhares de notas de forma ruim". Os seus álbuns *Blow by Blow* e *Jeff Beck's Guitar Shop* são alguns dos seus melhores trabalhos e são muito recomendados.

A Guitarra

Não há uma guitarra específica que seja melhor para tocar escalas pentatônicas, no entanto há algumas guitarras clássicas que você deveria levar em consideração. Em geral, a Fender Stratocaster, a Fender Telecaster e a Gibson Les Paul são os instrumentos mais utilizados na música moderna.

Domine o seu instrumento! Cada instrumento possui nuances sutis que o tornam único. Aprender sobre o volume, o tom e os controles da chave seletora pode, sutilmente, moldar o seu som.

Paul Gilbert utiliza o controle de volume para controlar o seu tom. Ele cria sons limpos com o controle de volume baixo, em cerca de dois ou três; os sons médios são criados com o volume em cerca de cinco ou seis e os sons altos dos seus solos são criados com o volume em cerca de nove ou dez. Com a utilização dessa técnica ele pode tocar uma música inteira, apenas utilizando o controle de volume. Essa técnica é incrivelmente versátil, especialmente se você não tiver pedais, porém possuir um bom amplificador.

A chave seletora lhe dá controle sobre o tom que a guitarra produz. O tom do captador da ponte terá o tom mais brilhante e estridente, o qual é frequentemente utilizado em solos. Os tons ficam mais quentes e suaves, conforme você se move em direção ao captador do braço da guitarra. Frequentemente, guitarristas utilizam apenas duas das cinco posições disponíveis na chave seletora do captador, tendo uma preferência pelo captador do braço para a execução do ritmo e o captador da ponte para a execução dos solos e riffs. No entanto, é importante experimentar todas as opções disponíveis na chave seletora. Não tenha medo de ir contra a corrente.

Há dois tipos de captadores: *single-coil* e *humbucker*. Captadores *single-coil* têm um tom clássico e limpo. Eles são muito dinâmicos e funcionam melhor em cenários onde tons limpos ou com distorção moderada são exigidos. Captadores *humbucker* têm um som mais quente e cheio e são frequentemente utilizados no rock, heavy metal e jazz.

Um erro comum é acreditar que gastar muito dinheiro garantirá que você tenha um instrumento fantástico. Meu conselho é que você compre o melhor instrumento que você puder e domine-o tanto quanto possível. Frequentemente, comprar uma guitarra usada lhe permite conseguir um excelente instrumento por um bom preço. Pesquise guitarras na internet ou pergunte aos seus amigos sobre guitarras à venda. Leia as avaliações sobre guitarras e procure comprar aquelas que estejam alinhadas com o estilo de música que você gosta.

O Amplificador

As empresas Marshall, Fender e Vox estão entre as empresas mais conhecidas no segmento de produção de amplificadores, e os seus produtos oferecem tons agradáveis por um preço acessível. Alguns amplificadores clássicos produzidos por essas empresas:

Fender Champ
Fender Blackface
Fender Princeton
Fender Deluxe
Vox AC30
Marshall JCM 800

Hoje em dia, há uma enorme quantidade de amplificadores disponíveis, portanto escolha um que mais atenda às suas necessidades pessoais.

Os controles do amplificador que definirão o som são o ganho e os controles de equalização. Apesar de o aumento do ganho influenciar no volume em geral, considere-o como um controle de tonalidade, em vez de um controle de volume. Ajustar o ganho aumenta ou diminui a quantidade de distorção que o amplificador emite. A criação de tom é muito pessoal e subjetiva, portanto ouça diferentes guitarristas, decida o que você quer escutar, então molde o seu som de acordo com as suas preferências.

Os controles de equalização dos graves, médios e agudos do amplificador são os principais e permitem que você molde o som da guitarra para o seu tom desejado. Se você estiver indeciso sobre a configuração do amplificador, configure o equalizador em seis, cinco e seis (grave, médio e agudo, respectivamente). Esse é um bom ponto de partida e normalmente funciona muito bem, quando um novo amplificador está sendo testado.

Pedais

Montar um *pedalboard* ou criar tons únicos com um processador de efeitos pode ser um processo longo e demorado. Antes de comprar novos equipamentos, recomendo que você tire o máximo dos equipamentos que você já possui. Quando comecei a tocar guitarra, eu não tinha dinheiro o bastante para comprar pedais e equipamentos do gênero. Isso me forçou a conhecer o amplificador de forma profunda, e essa é uma habilidade que até hoje me ajuda. Leia as diversas avaliações sobre pedais, assista vídeos no YouTube sobre eles e, obviamente, utilize-os para ver como eles afetam o seu estilo.

Cordas

A coisa mais importante a se fazer, antes de gravar ou fazer um show, é trocar as cordas da guitarra (particularmente gosto de trocar as cordas da guitarra um dia antes de uma gravação, para que elas se ajustem bem na guitarra). Cordas novas fazem uma enorme diferença no tom da guitarra. É impressionante como as cordas se tornam sem vida, mesmo depois de apenas uma semana sendo utilizadas.

Quanto mais leves forem as cordas, mais fácil será de tocá-las. Cordas mais pesadas possuem um tom encorpado e acalorado, mas executar técnicas como o *bend* pode ser algo desafiador. Experimente diferentes medidas de cordas e fabricantes até você encontrar um tipo de corda que você goste. Para as gravações dos exemplos deste livro, foram utilizadas as cordas Super Slinky 9/42.

Palheta ou Dedos?

Uma das variáveis mais importantes na produção de tom tem a ver com a forma de tocar as cordas. A espessura da sua palheta/plectro afetará o seu tom. Quanto mais grossa a palheta, mais cheio e vigoroso será o som.

Por outro lado, palhetas mais finas geralmente produzem sons mais claros e brilhantes. Pessoalmente, utilizo a palheta Jim Dunlop Jazz 3. Essa é uma das coisas no meu estilo que não mudou durante todos esses anos. Percebo que o controle que consigo com esse tipo de palheta aumenta tremendamente a minha confiança e controle, especialmente na execução da palhetada alternada.

"Palhetas são para os fracos!" é uma citação inspiradora de Jeff Beck, mestre do tom Jeff Beck. Ele na verdade quis dizer que é possível conseguir controle e sensibilidade incríveis com a utilização do dedilhado. Em geral, as pessoas associam o dedilhado a partes rítmicas e de acordes, no entanto utilizar o dedilhado em partes de solos pode criar os efeitos mais emotivos e criativos possíveis. *Deixe de lado a palheta e toque as suas linhas de solo favoritas apenas com os dedos.* Também é possível utilizar a palhetada híbrida, se você preferir utilizar a palheta e dedilhado ao mesmo tempo.

Meu Equipamento

Para filmar os vídeos e gravar os áudios deste livro, utilizei uma guitarra, um amplificador e um microfone. A guitarra utilizada foi a Fender Texas Special Fat Stratocaster, e o amplificador foi o Fender Super Champ X2. O som foi gravado com um microfone Shure SM57, colocado próximo ao amplificador. Visto que esse amplificador possui muitas opções de som, foi fácil gravar todos os tons necessários exigidos pelos exemplos deste livro.

Tocando com Outros Músicos

Agora você já deve ter aprendido vários licks, criado improvisações interessantes e inspiradoras, além de ter desenvolvido o seu tom. Ao trabalhar com outros músicos e observar como eles criam as suas músicas, você desenvolverá uma ideia melhor de como criar o seu próprio tom e estilo. Peça um *feedback* sobre o seu tom aos músicos com os quais você estiver tocando. Além disso, peça opiniões sobre o que você pode fazer para melhorar o seu tom.

A música é feita para ser tocada, e a melhor sensação é tocar com outros músicos! Um bom conselho que gostaria de lhe dar é que você toque com músicos que são melhores do que você. Trabalhar com músicos técnica e musicalmente mais avançados do que você, permitir-lhe-á desenvolver-se na guitarra. Aprender a ler partitura e ter uma boa noção de teoria musical moderna pode lhe ajudar a interagir com outros músicos.

Se você não puder tocar com outros músicos, seria interessante investir em um pedal *looper* (como o TC Electronic Ditto) para tocar com uma *vibe* de show ao vivo.

Conclusão

O objetivo deste livro é lhe inspirar a seguir caminhos novos e interessantes no estudo da guitarra solo. Como guitarrista, é comum sentir-se preso aos mesmos desenhos de escalas e licks. A verdade é que às vezes tudo o que você precisa é adaptar uma nota, para criar um som interessante. Você também pode adicionar diferentes grooves rítmicos, técnicas profissionais ou tocar com outros músicos.

Crie as suas próprias escalas pentatônicas! Tudo o que você precisa ter em mente é que cada escala deve ter cinco notas diferentes. Em geral, será melhor ter uma tônica, no entanto não é essencial que a escala tenha uma, como mostrado no capítulo "Pentatônica Sem a Tônica Com a Nona".

Após ter selecionado cinco notas que você goste, mapeie-as no braço da guitarra. Torne-se familiarizado com um desenho de escala primeiro, antes de aprender todos os cinco desenhos. Isso irá lhe ajudar a internalizar melhor o som da escala. Pratique a escala utilizando as técnicas apresentadas no capítulo um.

Após se tornar familiarizado com o novo desenho de pentatônica, divirta-se! Escreva e documente os seus licks tanto quanto possível, seja em vídeo, áudio ou tablatura.

Espero que as informações deste livro lhe ajudem a criar ideias, para você inserir no seu estilo. Certifique-se de assistir as videoaulas em: www.fundamental-changes.com. Além disso, faça o download dos áudios de exemplo, para extrair o máximo deste livro.

Álbuns recomendados:

The Jimi Hendrix Experience – *Electric Ladyland*

Eric Clapton – *Slowhand*

B.B. King – *Riding With The King* (com Eric Clapton)

Carlos Santana – *Ultimate Santana*

Albert King – *Born Under A Bad Sign*

Chuck Berry – *Johnny B. Goode*

Freddie King – *Hide Away: The Best Of Freddie King*

Stevie Ray Vaughan – *Texas Flood*

Jeff Beck – *Performing This Week*

Pink Floyd – *Dark Side Of The Moon*

John Mayer – *Continuum*

Gary Moore – *Still Got The Blues*

Led Zeppelin – *I, II and IV: Remastered*

The Allman Brothers Band – *Brothers and Sisters (Super Deluxe Edition)*

Joe Bonamassa – *Dust Bowl*

Kenny Burrell – *Midnight Blue Remastered*

Robben Ford – *Talk To Your Daughter*

Larry Carlton – *Greatest Hits*

Scott Henderson – *Tore Down House*

Eric Johnson – *Ah Via Musicom*

Red Hot Chili Peppers – *Stadium Arcadium*

Joe Satriani – *The Essential Joe Satriani*

AC/DC – *Back in Black*

Van Halen – *Van Halen*

Guns N' Roses – *Appetite for Destruction*

The Eagles – *Hotel California*

Deep Purple – *Machine Head*

Ozzy Osbourne – *Blizzard Of Ozz (Expanded Edition)*

Metallica – *Master Of Puppets*

Yes – *The Very Best Of*

Guthrie Govan – Erotic Cakes

Racer X – *Technical Difficulties*

Extreme – *Pornograffiti*

Marty Friedman – *Inferno*

John Mclaughlin – *Greatest Hits*

Derek Trucks – *The Derek Trucks Band*

Outros livros da Fundamental Changes

Guitarra Base no Rock

Guitarra Base Heavy Metal

Guitarra Solo Heavy Metal

Guia Prático De Teoria Musical Moderna Para Guitarristas

Guitarra Rock CAGED: O Sistema CAGED e 100 Licks para Guitarra Rock

Fluência no Braço da Guitarra

Escalas de Guitarra Contextualizadas

Técnica Completa de Guitarra Moderna

O Sistema CAGED e 100 Licks de Guitarra Blues

O Guia Completo para Tocar Blues na Guitarra: Livro Um – Guitarra Base

O Guia Completo para Tocar Blues na Guitarra: Livro Dois: Frases Melódicas

O Guia Completo para Tocar Blues na Guitarra: Livro Três – Além das Pentatônicas

O Guia Completo para Tocar Blues na Guitarra – Compilação

Mudanças Fundamentais na Guitarra Jazz

Dominando o ii V Menor na Guitarra Jazz

Solos na Guitarra Jazz Blues

Acordes de Guitarra Contextualizados

Dominando Acordes de Jazz na Guitarra

Dominando a Guitarra Funk

O Livro Completo de Técnica, Teoria e Escalas – Compilação

Dominando Leitura de Notação na Guitarra

Lições de Guitarra Para Iniciantes: O Guia Essencial

Chord Tone em Solos na Guitarra Jazz

Facebook: FundamentalChangesInGuitar

www.ingramcontent.com/pod-product-compliance
Lightning Source LLC
Chambersburg PA
CBHW081432090426
42740CB00017B/3280